高校思想政治理论课学习指导系列丛书

《马克思主义哲学基本原理》课程练习册

戎毓春 主编

西安电子科技大学出版社

图书在版编目(CIP)数据

《马克思主义哲学基本原理》课程练习册/戎毓春主编.

—西安：西安电子科技大学出版社，2011.4 (2012.11 重印)

(高校思想政治理论课学习指导系列丛书)

ISBN 978-7-5606-2561-4

Ⅰ. ① 马…　Ⅱ. ① 戎…　Ⅲ. ① 马克思主义哲学—高等学校—习题集　Ⅳ. ① B0-0

中国版本图书馆 CIP 数据核字(2011)第 048020 号

策　　划　李惠萍

责任编辑　李惠萍　樊新玲

出版发行　西安电子科技大学出版社(西安市太白南路 2 号)

电　　话　(029)88242885　88201467　　邮　　编　710071

网　　址　www.xduph.com　　电子邮箱　xdupfxb001@163.com

经　　销　新华书店

印刷单位　陕西天意印务有限责任公司

版　　次　2011 年 4 月第 1 版　2012 年 11 月第 5 次印刷

开　　本　727 毫米×960 毫米　1/16

印　　张　7.25

字　　数　101 千字

印　　数　17 001～27 000 册

定　　价　12.00 元(含答题纸)

ISBN 978-7-5606-2561-4/B・0006

XDUP　2853001-5

出版说明

远程教育是一种不同于传统教育的教育模式，其特点是教、学双方在时空上处于准分离状态，从而更加要求学习者具备主动学习的意识和自主学习的能力。

为了克服自主学习过程中可能存在的无助感，提高学习者自我计划、自我检测和自我控制的能力，西安电子科技大学网络与继续教育学院组织编写了这套公共课程学习指导系列丛书，以帮助学习者总结课程内容、理清课程脉络、检测学习成效，并期望在一定程度上能够起到辅助教学课件、引导学习者完成自学的作用，从而弥补教、学分离带来的不足。

西安电子科技大学网络与继续教育学院

2011年4月

前　言

大学生为什么要学习马克思主义哲学？这个问题涉及哲学和具体科学的关系，按照中国哲学传统，就是所谓“为道”与“为学”的关系。学习专业知识是“为学”。“为学”是重要的，它可以把你培养成为某一方面的专门人才；“为道”即学习马克思主义哲学，则可以提高人的思想和道德境界，完善人的知识结构和思维方式，树立科学的世界观、人生观和价值观，把自己培养成有理想、有道德、善于辩证思维的德才兼备的人才。把“为道”与“为学”对立起来，只“为学”不“为道”，则对青年人的全面发展和健康成长极为不利。

《马克思主义哲学基本原理》是我校网络教育各专业通开的一门公共必修课程。设置本课程的目的和基本要求是，帮助具备高中以上文化程度的网络学院学生完整、准确地掌握马克思主义哲学即辩证唯物主义和历史唯物主义的基本概念和基本原理，学会用马克思主义的立场、观点、方法分析和解决实际生活中的各种问题，特别是能用马克思主义的哲学理论分析和解决我国改革开放与中国特色社会主义建设面临的各种问题，并为学好其他各门课程提供科学的世界观和方法论的指导。

马克思主义哲学教育可以渗透到人的各种素质的培养之中。首先，学习它，有利于提高政治素质，因为它能为青年人远大的政治眼光和坚定的政治信念提供科学的世界观基础；其次，学习它，有利于提高人文素质，因为它能使青年人具有高尚的道德品格和理论修养；再次，学习它，也有利于提高专业素质，因为一个善于思维的头脑远比一个仅仅塞满知识的头脑更有利于对专业知识的掌握和运用。

怎样学习马克思主义哲学？根本的方法是理论联系实际。这就要求广大青年学生在仔细阅读指定教材和反复、认真听课的基础上，结合社会生活和自身思想实际，切实把握马克思主义哲学基本原理的精神实质。鉴于哲学的抽象性、概括性和思辩性都很强，掌握起来有较大的难度，我们特地编写了这本练习册，作为本课程的辅助教材，以期起到帮助同学们学习、理解和自我检验学习效果的作用，同时也是对“马克思主义哲学基本原理”课程考试形式改革与创新的一种尝试。

与我们使用的教材《新编马克思主义哲学原理》（高等教育出版社出版）的逻辑顺序相对应，本练习册分为九章，每一章均分为内容导学和同步练习两大部分，在同步练习中又具体设计有若干道客观性试题（含单项选择题和多项选择题）和主观性试题。

本练习册力求突出以下特点：

第一，试题量大，覆盖面宽，重点突出，针对性强。

第二，注重理论联系实际，启发和引导学生用马克思主义哲学的基本原理分析、说明实际问题。

第三，努力反映当今时代特点和时代精神以及学术界研究的新成果，使其具有新鲜气息，激发学生的学习兴趣。

学生使用本练习册学习“马克思主义哲学基本原理”课程时应注意增强自觉性与主动性、严谨性与规范性以及目的与效果的一致性。

《马克思主义哲学基本原理》课程练习册由西安电子科技大学人文学院戎毓春教授主编，硕士研究生吴迪、辛怡萱、周青以及崔洁洁参与了部分章节的编写工作。在编写过程中，我们借鉴了国内同行一些先进的研究成果，在此表示感谢。

祝愿认真使用本练习册的同学们在考核中取得优异的成绩！

主　编

2011 年 4 月于

西安电子科技大学

使 用 说 明

本练习册主要有两方面的作用：

第一，辅助学习的作用。通过每一章节附带的各类习题，帮助学生学习、理解各个章节涉及的学习内容，检验自己学习的效果。

第二，作为课程结业考核的依据。本练习册附有答题纸，学生将单项选择题和多项选择题的答案填涂在答题纸相应的位置，同时，对于练习册中所设定的主观性思考题目，请按教师的要求选择数目不等的题目进行回答，学习结束后将答题纸作为考核的依据与其他作业一并交回。

希望同学们认真学习，按照要求回答问题，争取取得好的成绩。

目　录

第一章
马克思主义哲学是现时代精神的精华

内容导学

一、学习目的和基本要求

目的和要求：

这一章带有全书绪论的性质，核心是阐明马克思主义哲学是现时代精神的精华。学习这一章，在理论上要弄懂马克思主义哲学产生的历史必然性及其所引起的哲学上的伟大革命变革；理解马克思主义哲学的对象、特征及其与具体科学的关系；明确学习马克思主义哲学对于掌握毛泽东思想和中国特色社会主义理论体系的意义；认清学习马克思主义哲学的根本方法是理论联系实际，而我们面临的最大实际就是中国正处于并将长期处于社会主义初级阶段。

要点提示：

1. 马克思主义哲学是科学的世界观和方法论

马克思主义哲学产生的社会历史条件，包括社会基础和阶级条件、自然科学前提和直接理论来源；什么是哲学，哲学与世界观的关系；什么是哲学基本问题，它包括哪两个方面的内容，哲学基本问题的理论意义和现实意义；社会存在和社会意识的关系问题是历史观的基本问题。

马克思主义哲学的研究对象是自然、社会和思维发展的一般规律，马克思主义哲学和具体科学的关系是共性与个性的关系；马克思主义哲学实现了唯物主义和辩证法、唯物主义自然观和唯物主义历史观的统一，它的基本特征是以实践为基础的科学性和革命性的统一；马克思主义哲学克服了旧唯物主义的局限性，它的产生实现了哲学史上的伟大革命变革。

2. 马克思主义哲学与现时代

马克思主义哲学与现代西方哲学的关系：人本主义和科学主义是现代西方哲学的两大思潮，马克思主义哲学与现代西方哲学的本质区别，对待现代西方哲学要弃其糟粕，取其精华，批判地吸收其合理的思想。马克思主义哲学与现代科技革命的关系：科技革命的含义及现代科技革命对深化、拓展、丰富马克思主义哲学的重大作用。马克思主义哲学与时代发展的关系：哲学是时代精神的精华的含义，马克思主义哲学是当今时代精神的精华，马克思主义哲学要适应时代的需要，并随着时代的发展而发展。

3. 马克思主义哲学在中国

马克思主义哲学为什么能在中国广泛传播，马克思主义哲学与中国传统哲学优秀成果相结合的可能性与必要性；马克思主义同中国革命和建设实践相结合而产生的两大理论成果——毛泽东思想和中国特色社会主义理论体系的意义；马克思主义哲学的中国化是一个长期的历史过程，中国共产党一贯重视马克思主义哲学的中国化。

4. 学习马克思主义哲学的目的和方法

学习马克思主义哲学的目的在于树立正确的世界观，要学会用马克思主义的立场、观点、方法观察和处理问题，掌握正确的思维方法，提高理论水平，全面提高个人素质。理论联系实际是学习马克思主义哲学的根本方法，是我们党一贯倡导并长期保持的优良学风。

二、基本概念与重点难点

基本概念：

哲学、世界观、哲学基本问题、唯物主义、唯心主义、辩证法、形而上学、辩证唯物主义、历史唯物主义、马克思主义哲学、现代西方哲学、马克思主义哲学中国化

重点难点：

1. 哲学和哲学的基本问题；
2. 马克思主义哲学和具体科学的关系；
3. 唯物主义和唯心主义的基本形态；
4. 马克思主义哲学的内容及其基本特征；
5. 马克思主义哲学的产生是哲学史上的伟大革命；
6. 马克思主义哲学中国化的实质；
7. 学习马克思主义哲学与树立正确的世界观、人生观、价值观的关系。

同步练习

Ⅰ　客观性试题

一、单项选择题(在每个小题列出的四个选项中，有一项是最符合题目要求的，请将正确选项的字母填在本书后面答题纸的括号内)

1. 哲学的基本问题是(　　)。
A. 世界观和方法论的关系问题
B. 物质和运动的关系问题
C. 理论和实践的关系问题
D. 思维和存在的关系问题

2. 划分唯物主义和唯心主义的标准在于是否承认(　　)。
A. 世界是普遍联系的
B. 世界是运动发展的
C. 世界是物质的
D. 世界是统一的

3. 肯定思维和存在具有同一性，这是(　　)。
A. 唯物主义的观点
B. 唯心主义的观点
C. 形而上学的观点

D. 可知论的观点

4. 哲学上的两大基本派别是指(　　)。

A. 辩证法和形而上学

B. 唯物主义和唯心主义

C. 可知论和不可知论

D. 主观唯心主义和客观唯心主义

5. 马克思主义哲学与具体科学的关系是(　　)。

A. 共性和个性的关系

B. 整体和部分的关系

C. 内容和形式的关系

D. 本质和现象的关系

6. 从研究对象上看，马克思主义哲学是(　　)。

A. 凌驾于一切科学之上的“科学之科学”

B. 关于客观世界一切规律的科学

C. 关于自然、社会和思维发展普遍规律的科学

D. 关于人和人生问题的科学

7. 划分历史唯物主义和历史唯心主义的标准在于是否承认(　　)。

A. 物质决定意识

B. 社会存在决定社会意识

C. 实践决定理论

D. 本质决定现象

8. 在马克思主义哲学产生以前不曾存在(　　)。

A. 唯物主义和唯心主义的斗争

B. 辩证法和形而上学的斗争

C. 唯物史观和唯心史观的斗争

D. 可知论和不可知论的斗争

9. 马克思主义哲学区别于一切旧哲学的最根本特点是(　　)。

A. 实践性

B. 阶级性

C. 科学性

D. 革命性

10. 辩证法与形而上学所要回答的问题是(　　)。

A. 世界的本原是什么的问题

B. 世界的状态是怎么样的问题

C. 世界是否有统一性的问题

D. 世界是否可以认识的问题

11. 马克思主义认为，哲学是(　　)。

A. 系统化、理论化的世界观

B. 科学的世界观和方法论

C. 关于自然、社会和思维发展一般规律的科学

D. 包罗万象的“科学之科学”

12. 马克思主义哲学的产生意味着(　　)。

A. 人类哲学思想的发展达到了顶峰

B. 科学的哲学体系已经最终完成

C. 建立了绝对真理的完整体系

D. 为哲学的发展开辟了新的正确道路

13. “先王以土与金木水火杂，以成百物”，这是一种(　　)。

A. 唯心主义的观点

B. 神秘主义的观点

C. 朴素唯物主义的观点

D. 朴素辩证法的观点

14. “未有天地之先，毕竟是先有理”，这是一种(　　)。

A. 朴素唯物主义的观点

B. 机械唯物主义的观点

C. 主观唯心主义的观点

D. 客观唯心主义的观点

15. 马克思主义最重要的理论品质是(　　)。

A. 唯物主义

B. 辩证法

C. 与时俱进

D. 关注社会

二、多项选择题(在每小题列出的五个选项中，有二至五个选项是符合题目要求的，选出正确答案并填在本书后面答题纸的括号内)

16. 下列选项中，属于哲学基本问题内容的有(　　)。

A. 物质和意识何者为第一性的问题

B. 物质世界是否运动、发展的问题

C. 物质世界是否可以认识的问题

D. 物质世界是否普遍联系的问题

E. 物质世界发展的动力是什么的问题

17. 一切哲学都是(　　)。

A. 关于世界观的理论体系

B. 世界观和方法论的统一

C. 科学的世界观和方法论

D. 唯物主义和辩证法的统一

E. 唯物主义自然观和历史观的统一

18. 下列选项中，属于唯物主义基本历史形态的有(　　)。

A. 庸俗唯物主义

B. 朴素唯物主义

C. 形而上学唯物主义

D. 辩证唯物主义和历史唯物主义

E. 原子唯物主义

19. 下列选项中，属于辩证法发展的基本形态的有(　　)。

A. 自然辩证法

B. 朴素辩证法

C. 思维辩证法

D. 唯心辩证法

E. 唯物辩证法

20. 马克思主义哲学产生的自然科学前提有(　　)。

A. 牛顿力学

B. 康德星云假说

C. 细胞学说

D. 能量守恒和转化定律

E. 达尔文生物进化论

21. 马克思主义哲学产生的直接理论来源是(　　)。

A. 黑格尔辩证法的“合理内核”

B. 培根的经验论

C. 狄德罗的唯物主义

D. 费尔巴哈唯物主义的“基本内核”

E. 康德的认识论

22. 近代形而上学唯物主义的严重缺陷是(　　)。

A. 主观性

B. 机械性

C. 朴素型

D. 形而上学性

E. 不彻底性

23. 马克思主义哲学是完整、严密的科学体系，因为它实现了(　　)。

A. 唯物主义和辩证法的统一

B. 世界观和方法论的统一

C. 感性认识和理性认识的统一

D. 唯物辩证的自然观和唯物辩证的历史观的统一

E. 自然科学和社会科学的统一

24. 下列选项中，属于马克思主义哲学在哲学研究对象上的变革的是(　　)。

A. 它是关于自然、社会和思维发展一般规律的科学

B. 它结束了包罗万象的“科学之科学”的统治

C. 它实现了唯物主义和辩证法的统一

D. 它创立了历史唯物主义理论体系

E. 它正确解决了马克思主义哲学与具体科学的关系

25. 马克思主义哲学同以往旧哲学的区别在于(　　)。

A. 它把唯物主义和辩证法高度统一起来

B. 它把唯物辩证的自然观和历史观高度统一起来

C. 它是关于自然、社会和思维发展一般规律的科学

D. 它是以实践为基础的科学性和革命性相统一的哲学

E. 它是无产阶级和劳动人民认识世界和改造世界的思想武器

26. 历史唯心主义的主要缺陷有(　　)。

A. 没有考察人们思想动机背后的物质原因

B. 看不到物质生活条件在社会发展中的作用

C. 看不到人民群众创造历史的决定作用

D. 看不到社会意识的能动作用

E. 否认社会发展的客观规律性

27. 下列选项中，属于马克思主义哲学与形而上学唯物主义分歧的有(　　)。

A. 世界是物质的，还是精神的

B. 思维和存在有同一性，还是没有同一性

C. 世界是联系发展的，还是孤立静止的

D. 意识有能动作用，还是没有能动作用

E. 社会存在决定社会意识，还是社会意识决定社会存在

28. 下列选项中，属于主观唯心主义观点的有(　　)。

A. 存在就是被感知

B. 心外无物，心外无事，心外无理

C. 理在事先

D. 世界万物是“绝对观念”的产物

E. 物是感觉的复合

29. 下列选项中，属于一切唯心主义共同点的有(　　)。

A. 主张意识第一性、物质第二性

B. 认为世界是不可认识的

C. 坚持“从感觉和思想到物”的认识路线

D. 认为物是感觉的复合

E. 认为神主宰世界

30. 下列选项中，属于客观唯心主义观点的有(　　)。

A. 存在就是被感知

B. 理在事先

C. 神创造和主宰一切

D. 生死有命，富贵在天

E. 世界是“绝对观念”的外化

II 主观性试题

31. 简述哲学基本问题的内容及其意义。

32. 简述历史观的基本问题以及历史唯物主义和历史唯心主义的对立。

33. 简述哲学的基本派别及其形态。

34. 简述马克思主义哲学的自然科学前提和思想理论来源。

35. 简述马克思主义哲学在哲学研究对象上的革命变革以及它与各门具体科学的关系。

36. 简述马克思主义哲学在内容上的革命变革。

37. 如何正确看待马克思主义哲学与现代西方哲学的关系？

38. 谈谈你对学习马克思主义哲学与树立正确的世界观、人生观、价值观关系的理解与认识。

第二章

世界的物质性和人的实践活动

内 容 导 学

一、学习目的和基本要求

目的和要求：

本章阐述马克思主义哲学的唯物主义基本原理。学习这一章，要求弄懂辩证唯物主义的物质观、运动观、时空观，理解人类社会的物质性；认清意识的起源、本质、作用及人工智能的含义和意义。要求正确把握世界的物质统一性原理，深刻理解物质和意识的关系及尊重客观规律和发挥主观能动性的关系，坚持一切从实际出发的根本原则。深刻理解解放思想、实事求是是马克思主义的精髓，自觉坚持党的实事求是的思想路线。

要点提示：

1. 辩证唯物主义的物质论

辩证唯物主义物质观的形成及其意义，朴素唯物主义的物质观和形而上学物质观的特点和局限性。列宁的物质定义，物质是不依赖于意识又能为意识所反映的客观实在，物质的唯一特性是客观实在性，哲学的物质范畴与自然科学的物质结构理论的关系。运动的含义，运动是物质的根本属性，物质和运动以及运动和静止的关系。时间和空间是物质运动的存在方式，时间和空间是绝对性和相对性、无限性和有限性的辩证统一。马克思主义哲学的实践观与物质观的关系，由于马克思主义把科学的实践观引入哲学，并使它成为自己哲学的基础，才克服了旧唯物主义的局限性，揭示和说明了人类社会的物质性，使唯物主义成为完备而彻底的唯物主义哲学。

2. 意识的起源、本质和作用

意识的起源：意识是自然界长期发展的产物，意识是社会的产物。劳动在意识产生的过程中起了决定性作用。意识的本质：意识是人脑的机能，是客观世界的主观映象，其内容是客观的，形式是主观的。意识的作用：意识能动性的含义及主要表现，正确发挥意识的能动作用必须具备一定的条件，必须通过社会实践的途径。意识和人工智能的关系。

3. 世界的物质统一性

唯物主义和唯心主义对世界统一性的不同理解，世界的真正统一性在于它的物质性，世界的物质统一性原理要由哲学和自然科学长期的和持续的发展来证明。物质和意识的关系、规律及其特点，客观规律性和主观能动性的辩证关系。世界的物质统一性原理是一切从实际出发的哲学依据，坚持从社会主义初级阶段实际出发的重大意义。实事求是的含义，自觉坚持党的实事求是的思想路线。

二、基本概念与重点难点

基本概念：

物质、运动、静止、时间、空间、一元论、二元论、意识、实践、主观能动性、客观规律性、解放思想、实事求是

重点难点：

1. 辩证唯物主义物质范畴及其理论意义；
2. 物质和运动的关系及运动和静止的关系；
3. 时间和空间是物质运动的存在方式；
4. 人类社会的物质性；
5. 意识的起源、本质和能动作用；

6. 客观规律性和主观能动性的辩证关系；

7. 实践的含义、基本特征和基本形式；

8. 世界的物质统一性原理和一切从实际出发的关系。

同步练习

Ⅰ 客观性试题

一、单项选择题(在每个小题列出的四个选项中，有一项是最符合题目要求的，请将正确选项的字母填在本书后面答题纸的括号内)

1. 物质的唯一特性是(　　)。

A. 客观实在性

B. 可知性

C. 运动变化性

D. 广延性

2. 设想没有运动的物质，这是一种(　　)。

A. 主观唯心主义观点

B. 庸俗唯物主义观点

C. 形而上学唯物主义观点

D. 朴素唯物主义观点

3. 唯心主义运动观的根本错误在于(　　)。

A. 否认物质世界是运动发展的

B. 割裂运动和静止的辩证统一

C. 否认静止是运动的特殊状态

D. 否认运动对物质的依赖性

4. 运动和静止的关系是(　　)。

A. 绝对和相对的关系

B. 内容和形式的关系

C. 本质和现象的关系

D. 原因和结果的关系

5. 把静止绝对化的观点是(　　)。

A. 唯物主义的观点

B. 相对主义诡辩论的观点

C. 形而上学的观点

D. 庸俗唯物主义的观点

6. “机不可失，时不再来”指的是(　　)。

A. 时间的一维性

B. 时间的顺序性

C. 时间的有限性

D. 时间的客观性

7. 在从动物心理发展到人类意识过程中，起决定作用的是(　　)。

A. 人脑的形成

B. 语言的产生

C. 生产劳动

D. 文明的发展

8. 认为一切物质都具有类似感觉的反映特性，这是(　　)。

A. 辩证唯物主义的观点

B. 庸俗唯物主义的观点

C. 形而上学唯物主义的观点

D. 相对主义诡辩论的观点

9. “观念的东西不外是移入人的头脑并在人的头脑中改造过的物质的东西而已。”这个命题表明(　　)。

A. 人脑是意识的器官和源泉

B. 意识是客观存在的主观映象

C. 意识是人脑产生的特殊物质

D. 观念和物质没有本质的区别

10. 人们关于鬼神的观念归根到底来源于(　　)。

A. 人们的错误判断

B. 人们的幻觉错觉

C. 人们的主观想象

D. 客观的物质世界

11. 在物质和意识的关系问题上，唯心主义的错误在于(　　)。

A. 片面夸大了意识的能动作用

B. 片面夸大了意识对物质的依赖性

C. 抹煞了意识与物质的根本区别

D. 割裂了意识与物质的内在联系

12. 实现意识能动作用的根本途径是(　　)。

A. 学习书本知识

B. 进行社会实践

C. 进行社会调查

D. 研究实际情况

13. 人工智能的出现和发展证明了(　　)。

A. 意识不是人类所特有的现象

B. 物质是意识产生的基础

C. 对人脑机能的认识已经完成

D. 人工智能将会超过人类意识

14. 否认世界统一性的哲学是(　　)。

A. 唯心主义

B. 形而上学

C. 相对主义

D. 二元论

15. 针对“人不能两次踏进同一条河流”和“人连一次也不能踏进同一条河流”这两句话，下列选项正确的是(　　)。

A. 都是辩证法的观点，强调事物发展

B. 前者是辩证法，后者是诡辩论

C. 前者是形而上学，后者是辩证法

D. 都是诡辩论的观点，否认相对静止

二、多项选择题(在每小题列出的五个选项中，有二至五个选项是符合题目要求的，选出正确答案并填在本书后面答题纸的括号内)

16. 下列表述中，符合辩证唯物主义物质观的有(　　)。

A. 物质是各种具体物质形态的共性

B. 物质是不依赖于意识的客观实在

C. 物质是能为意识所反映的客观实在

D. 物质是看得见摸得着的东西

E. 物质是有具体质量和体积的实体

17. 列宁的物质定义的意义在于(　　)。

A. 坚持了唯物主义一元论，反对了唯心主义一元论

B. 坚持了一元论，反对了二元论

C. 与不可知论划清了界限

D. 克服了旧唯物主义物质观的缺陷

E. 对自然科学研究具有指导作用

18. 按照辩证唯物主义物质观，下列选项中，属于物质现象的有(　　)。

A. 山脉河流

B. 社会生产关系

C. 引力场

D. 未实施的城市建设规划

E. 党的路线方针政策

19. 承认相对静止的意义在于，它是(　　)。

A. 理解物质多样性的条件(　　)。

B. 把事物区别开来的前提

C. 认识事物的唯一途径

D. 理解事物运动的前提

E. 对事物进行科学分析的前提

20. 二元论的错误在于(　　)。

A. 否认客观物质世界的独立存在

B. 坚持精神决定物质的观点

C. 否认世界的统一性

D. 认为世界有物质和精神两个平行并列的本原

E. 抹煞精神对物质的依赖性

21. 下列活动中，属于人的意识活动的有(　　)。

A. 工程师设计图纸

B. 学生学习书本知识

C. 人遇到强光眨眼

D. 作曲家创作乐曲

E. 人听到巨响把头转向声源

22. 意识能动性的主要表现有(　　)。

A. 意识活动具有目的性和计划性

B. 意识活动能反映事物的本质和规律

C. 意识活动能创造理想的世界

D. 意识活动能影响人体的生理活动

E. 意识活动能指导实践改造世界

23. 人类的意识具有能动性，它能够(　　)。

A. 反映客观世界

B. 创造自然规律

C. 改变历史规律

D. 通过实践改造客观世界

E. 创造宇宙万物

24. 下列说法中，正确说明意识能动性的有(　　)。

A. 胸有成竹，料事如神

B. 纸上谈兵，画饼充饥

C. 天下无难事，只怕有心人

D. 不怕做不到，就怕想不到

E. 运筹于帷幄之中，决胜于千里之外

25. 下列说法中，能引导人们正确发挥主观能动作用的有(　　)。

A. 有条件要上，没有条件也要上

B. 自由是对必然的认识和对客观世界的改造

C. 根据实际情况，积极创造有利条件

D. 从现实条件出发，按客观规律办事

E. 对症下药，量体裁衣

26. 从起源上说，意识是(　　)。

A. 感性认识的产物

B. 理性认识的产物

C. 自然界长期发展的产物

D. 社会劳动的产物

E. 语言发展的产物

27. 爱因斯坦的相对论揭示了(　　)。

A. 时间空间与物质运动不可分割

B. 时间空间的具体特性是可变的

C. 时间空间具有相对性

D. 时间空间具有无限性

E. 时间空间具有有限性

28. 下列说法中，正确说明时间一维性的有(　　)。

A. “盛年不重来，一日难再晨”

B. “光阴好比河中水，只能流去不复回”

C. “一寸光阴一寸金，寸金难买寸光阴”

D. “失落黄金有分量，错过光阴无处寻”

E. “莫说年纪小，人生容易老”

29. 人类意识产生的漫长过程中经历的发展阶段有(　　)。

A. 从一切物质的反应特性到刺激感应性

B. 从刺激感应性到动物心理

C. 从动物心理到人类意识

D. 从感性认识到理性认识

E. 从理性认识到实践

30. 下列选项中，从一定角度说明意识本质的有(　　)。

A. 意识是人类思维的产物

B. 意识是人脑的机能

C. 意识是对立自存的实体

D. 意识是客观世界的主观映象

E. 意识是人的纯粹主观创造

Ⅱ 主观性试题

31. 辩证唯物主义物质范畴及其理论意义是什么？

32. 怎样理解社会的物质性？

33. 简述意识能动性的表现及其实现途径。

34. 为什么说意识是主观形式和客观内容的统一？

35. 简述意识的起源和本质。

36. 试用物质和意识辩证关系的原理，说明坚持从实际出发、实事求是对中国特色社会主义建设的重要意义。

37. 试述客观规律性和主观能动性的辩证关系以及这一原理的重要现实意义。

38. 试用世界的物质统一性原理，说明坚持一切从我国正处于并长期处于社会主义初级阶段这个实际出发的重要意义。

第三章

物质世界的联系和发展

内容导学

一、学习目的和基本要求

目的和要求：

马克思主义哲学是唯物论和辩证法的高度统一，本章是唯物辩证法的总论部分。唯物辩证法深刻揭示了自然、社会和人类思维发展最一般的规律，是关于联系和发展的科学。学习这一章，要求掌握唯物辩证法的两个总特征——联系的观点和发展的观点；划清唯物辩证法和形而上学两种根本对立的发展观的界限；深刻理解对立统一规律是唯物辩证法科学体系的实质与核心；了解客观辩证法和主观辩证法的关系，坚持辩证法、认识论和方法论三者的统一。

要点提示：

1. 物质世界的普遍联系

联系的观点和发展的观点是唯物辩证法的总特征，联系的含义，事物相互联系与相互区别的关系，联系的客观性与普遍性的含义及掌握联系的客观性与普遍性原理的意义。联系的多样性与复杂性，条件的含义及条件的客观性、多样性和可变性。系统的含义与特征，整体和部分的辩证关系，现代系统论对深化唯物辩证法关于联系的观点的重要意义。

2. 物质世界的永恒发展

“运动”与“发展”两个概念的异同，新事物和旧事物的含义及其区分的标志。判断一个事物是新事物还是旧事物，不能单纯根据时间上出现的先后、它的形式是否新奇、是否具有新的特点，也不能根据它的力量是否强大、是否完善。区分新旧事物的根本标志在于它是否符合事物的发展趋势，是否具有强大的生命力和广阔的发展前途。为什么新事物必然战胜旧事物。

3. 两种发展观的根本对立

两种对立的发展观即唯物辩证法的发展观和形而上学的发展观对立的表现，两种发展观的根本分歧和斗争焦点在于是否承认矛盾是事物发展的动力。对立统一规律是唯物辩证法的实质和核心。

二、基本概念与重点难点

基本概念：

联系、系统、发展、条件、新生事物、辩证法、形而上学、客观辩证法、主观辩证法

重点难点：

1. 联系的含义及其客观性、普遍性、多样性；
2. 条件的含义及其客观性、复杂性、可变性；
3. 系统的含义及特征、整体和部分的辩证关系；
4. 发展的实质是新事物的产生和旧事物的灭亡；
5. 对立统一规律是唯物辩证法的实质和核心；
6. 客观辩证法和主观辩证法的关系；
7. 辩证法、认识论和方法论三者的统一。

同 步 练 习

Ⅰ　客观性试题

一、单项选择题(在每个小题列出的四个选项中，有一项是最符合题目要求的，请将正确选项的字母填在本书后面答题纸的括号内)

1. 唯物辩证法的总特征是(　　)。

A. 物质决定意识的观点

B. 实践第一的观点

C. 联系和发展的观点

D. 对立统一的观点

2. 中国战国时期的庄子曾说“是亦彼也，彼亦是也。”这句话是一种(　　)。

A. 唯物主义的观点

B. 唯心主义的观点

C. 形而上学的观点

D. 相对主义的观点

3. 久旱缺雨时，下雨对庄稼生长有益；雨涝成灾时，下雨对庄稼生长有害。这说明(　　)。

A. 事物的联系是普遍的、无条件的

B. 事物的联系是现实的、具体的

C. 事物的运动是客观的、绝对的

D. 事物发展的根本原因是事物的内部矛盾

4. 唯物辩证法和形而上学的根本分歧在于是否承认(　　)。

A. 事物是客观存在的

B. 事物是普遍联系的

C. 事物是运动发展的

D. 矛盾是事物发展的动力

5. 一些地方的人们掠夺性地挖草原上的甘草，获得了一定的经济利益，然而却破坏了草原植被，造成土地荒漠化，一遇到大风，沙尘暴铺天盖地而至，给人们带来巨大灾难。这些挖甘草的人们(　　)。

A. 只看到事物的客观性，没有看到人们的主观能动性

B. 只看到事物的绝对运动，没有看到事物的相对静止

C. 只看到眼前的直接联系，没有看到长远的间接联系

D. 只看到物与物的联系，没有看到人与人的联系

6. 唯物辩证法的实质与核心是(　　)。

A. 对立统一规律

B. 质量互变规律

C. 否定之否定规律

D. 联系和发展的规律

7. 唯物辩证法认为，发展的实质是(　　)。

A. 事物数量的增加

B. 事物根本性质的变化

C. 事物的一切运动变化

D. 新事物的产生和旧事物的灭亡

8. 区分新事物和旧事物的标志在于看它们(　　)。

A. 是不是在新的历史条件下出现的

B. 是不是符合事物发展规律，有强大的生命力

C. 是不是具有新形式和新特点

D. 是不是得到绝大多数人的承认

9. “世界不是即成事物的集合体，而是过程的集合体。”这句话是一种(　　)。

A. 唯物辩证法的观点

B. 唯心主义的观点

C. 形而上学的观点

D. 相对主义的观点

10. 两种对立的发展观是指(　　)。

A. 唯物主义和唯心主义的对立

B. 唯物辩证法和形而上学的对立

C. 可知论和不可知论的对立

D. 唯物史观和唯心史观的对立

11. 唯心主义把联系看成是(　　)。

A. 自然界本身的联系

B. 客观世界事物之间的联系

C. 主观幻想的事物或现象的联系

D. 人类社会特有的联系

12. 系统论的出现(　　)。

A. 证明了唯物辩证法关于普遍联系的原理的局限

B. 证实并丰富了唯物辩证法关于普遍联系的原理

C. 代替了唯物辩证法关于普遍联系的原理

D. 否定了唯物辩证法关于普遍联系的原理

13. 联系和运动的关系是(　　)。

A. 先有联系，后有运动

B. 事物的相互联系、相互作用构成运动

C. 先有运动，后有联系

D. 离开运动不可能发生联系

14. “一切以时间、地点和条件为转移”这是(　　)。

A. 否定了主观能动性的错误观点

B. 夸大了客观条件的机械唯物论

C. 否定事物确定性的相对主义

D. 承认具体事物的存在依赖一定条件的正确观点

15. 在改革开放中，我们对待新生事物应该(　　)。

A. 全面肯定

B. 放任其自流

C. 热情支持和扶持

D 求全责备

二、多项选择题(在每小题列出的五个选项中，有二至五个选项是符合题目要求的，选出正确答案并填在本书后面答题纸的括号内)

16. “譬如一只手，如果从身体上割下来，名虽可叫手，实已不是手了。”“只有作为有机体的一部分，手才获得它的地位。”这两句话体现了(　　)。

A. 整体是由部分组成的

B. 部分与整体是联系在一起的

C. 整体大于部分的总和

D. 部分离开整体就失去原来的意义

E. 部分反作用于整体

17. 下列命题中，反映事物之间客观联系的有(　　)。

A. 森林覆盖面积的大小影响气候

B. 人口数量的多少影响社会发展

C. 客观条件的好坏影响人们行动的效果

D. 亚洲金融危机影响中国经济的增长速度

E. 天空出现彗星预示社会要爆发战争

18. 下列选项中，属于联系的复杂多样性的有(　　)。

A. 直接联系和间接联系

B. 真实联系和虚假联系

C. 内在联系和外在联系

D. 本质联系和非本质联系

E. 必然联系和偶然联系

19. 唯物辩证法与形而上学的对立表现在(　　)。

A. 世界是物质的

B. 世界是可以认识的

C. 世界上的事物是普遍联系的

D. 世界上的事物是运动发展的

E. 矛盾是事物发展的根本原因

20. 新事物优越于旧事物，这是由于(　　)。

A. 新事物是在新的历史条件下产生的

B. 新事物具有旧事物所没有的新特点

C. 新事物抛弃了旧事物中消极的东西

D. 新事物保留了旧事物中的积极因素

E. 新事物增添了旧事物不能容纳的新内容

21. 在社会历史发展中，新事物必然战胜旧事物，这是由于(　　)。

A. 新事物符合历史发展规律，有强大的生命力

B. 新事物优越于旧事物

C. 新事物得到广大人民群众的支持

D. 新事物是在新的历史条件下产生的

E. 新事物具有旧事物所没有的新特点

22. 对立统一规律是唯物辩证法的实质与核心，因为(　　)。

A. 对立统一规律揭示了事物普遍联系的根本内容

B. 对立统一规律揭示了事物发展变化的内在动力

C. 对立统一规律是贯穿于唯物辩证法其他规律和范畴的中心线索

D. 矛盾分析法是最根本的认识方法

E. 是否承认矛盾是事物发展的动力是唯物辩证法与形而上学的根本分歧

23. 唯物辩证法所说的联系具有的特征包括(　　)。

A. 客观性

B. 普遍性

C. 多样性

D. 条件性

E. 同一性

24. 唯物辩证法认为，客观规律是事物的(　　)。

A. 本质的联系

B. 客观的联系

C. 内在的联系

D. 必然的联系

E. 稳定的联系

25. 唯物辩证法的普遍联系的观点认为(　　)。

A. 联系是以承认事物之间的确定界限为前提的

B. 联系是相互区别的具体事物之间的联系

C. 事物之间的界限是有条件的、相对的

D. 事物之间的界限是模糊不清的

E. 事物之间存在着固定不变的界限

26. 唯物辩证法认为，发展在本质上是(　　)。

A. 事物数量的增减和场所的变更

B. 新事物的产生和旧事物的灭亡

C. 不仅包括量变而且包括质变

D. 事物周而复始的循环运动

E. 由事物内在矛盾引起的根本性质的变化

27. 下列现象中，属于必然联系的有(　　)。

A. 种瓜得瓜，种豆得豆

B. 没有耕耘，哪来收获

C. 要自由就要遵守纪律

D. 哪里有压迫，哪里就有反抗

E. 既有闪电，就有雷鸣

28. 唯物辩证法和形而上学两种发展观的对立表现在(　　)。

A. 联系观点和孤立观点的对立

B. 发展观点和静止观点的对立

C. 全面观点和片面观点的对立

D. 对立观点和同一观点的对立

E. 承认矛盾是事物发展动力和否认矛盾观点的对立

29. 系统论认为，系统具有的基本特征包括(　　)。

A. 整体性

B. 层次性

C. 结构性

D. 开放性

E. 矛盾性

30. 关于对立统一规律，下列说法正确的有(　　)。

A. 对立统一规律是事物矛盾的规律

B. 对立统一规律揭示了事物发展的动力和源泉

C. 对立统一规律揭示了事物发展的状态和形式

D. 对立统一规律揭示了事物发展的方向和道路

E. 对立统一规律是唯物辩证法的实质与核心

II　主观性试题

31. 怎样理解联系的观点？坚持联系的客观普遍性的意义何在？
32. 试述整体和部分的关系及其对社会主义现代化建设的意义。
33. 什么是新生事物？新生事物为什么是不可战胜的？
34. 简述唯物辩证法和形而上学的对立和根本分歧。
35. 为什么说对立统一规律是唯物辩证法的实质和核心？
36. 简述应当怎样正确认识条件。

第四章 联系和发展的基本规律与基本环节

内容导学

一、学习目的和基本要求

目的和要求：

本章继续阐述唯物辩证法的基本原理。学习这一章，要求深刻理解唯物辩证法的三个基本规律，即揭示事物发展的动力和源泉的对立统一规律，揭示事物发展的状态和过程的质量互变规律，揭示事物发展方向和道路的否定之否定规律各自的内容和方法论意义；深刻理解联系与发展的基本环节，即唯物辩证法的基本范畴中原因和结果、必然性和偶然性、可能性和现实性、内容和形式、本质和现象之间的辩证关系及其意义，从而划清唯物辩证法与黑格尔的唯心辩证法的界限，唯物辩证法与形而上学的界限。

要点提示：

1. 对立统一规律

什么是对立统一规律，什么是矛盾；矛盾的同一性和斗争性的含义及其相互关系；矛盾是事物发展的动力及内因和外因的辩证关系原理；矛盾的普遍性和特殊性的含义及二者的辩证关系；主要矛盾和次要矛盾的含义及其相互关系，矛盾的主要方面和次要方面的含义及其相互关系，事物的性质主要是由取得支配地位的矛盾的主要方面决定的。主要矛盾和次要矛盾、矛盾的主要方面和次要方面关系的原理，要求我们在实际工作中坚持

“两点论”和“重点论”的统一，反对“一点论”和“均衡论”两种倾向。

2. 质量互变规律

质、量、度的含义及掌握事物的度的意义；量变和质变的含义及其相互关系，批判庸俗进化论和激变论；量变和质变的复杂性，量变的两种基本形式和质变的两种基本形式，量变和质变的相互渗透，总的量变过程中的部分质变有阶段性部分质变和局部性部分质变两种形式，质变过程中包含着量变，即包含着新质要素在量上的迅速扩张、旧质要素在量上的迅速消亡。

3. 否定之否定规律

事物的肯定方面和否定方面的含义及肯定和否定的关系；辩证否定观的内容及其与形而上学否定观的根本对立；坚持辩证否定观的意义。否定之否定规律的内容，是指事物由肯定阶段到否定阶段再到否定之否定阶段，从而使事物的发展表现为螺旋式上升或波浪式前进的过程，事物的发展是前进性和曲折性的统一。用辩证的否定观说明应该怎样正确对待我国的文化遗产和外国文化；用事物发展是前进性和曲折性统一的原理，说明应该如何正确认识我国社会主义现代化建设事业。

4. 联系和发展的基本环节

原因和结果。原因和结果的含义及因果关系的特点，因果联系的客观性、普遍性和复杂多样性，掌握原因和结果的辩证关系原理的意义。

必然性和偶然性。必然性和偶然性的含义及二者的区别，必然性和偶然性的辩证关系及掌握这一原理的意义。

可能性和现实性。可能性和现实性的含义及把握可能性时应分清的几种情况，可能性和现实性的辩证关系及掌握这一原理的意义。

内容和形式。内容和形式的含义，内容和形式的辩证关系及掌握这一原理的意义。

本质和现象。本质和现象的含义，假象同真象以及错觉的区别，本质和现象的辩证关系及掌握这一原理的意义。

二、基本概念与重点难点

基本概念：

矛盾、矛盾的同一性、矛盾的斗争性、矛盾的普遍性、矛盾的特殊性、主要矛盾、矛盾的主要方面、质、量、度、量变、质变、肯定、否定、辩证的否定观、原因与结果、必然性与偶然性、可能性与现实性、形式与内容、现象与本质

重点难点：

1. 矛盾的同一性和斗争性的相互关系及其意义；
2. 矛盾是事物发展的动力；
3. 内因和外因的辩证关系及其意义；
4. 矛盾的普遍性和特殊性的辩证关系及其意义；
5. 唯物辩证法两点论与重点论的统一；
6. 什么是度及掌握度的意义；
7. 量变和质变的辩证关系及其意义；
8. 辩证的否定观及其与形而上学否定观的根本对立；
9. 否定之否定规律的内容及其意义；
10. 唯物辩证法五对基本范畴的内涵及其辩证关系。

同 步 练 习

Ⅰ 客观性试题

一、单项选择题(在每个小题列出的四个选项中，有一项是最符合题目要求的，请将正确选项的字母填在本书后面答题纸的括号内)

1. 在自然界，没有上，就无所谓下；在社会中，没有先进，就无所谓落后；这说明(　　)。

A. 矛盾双方是相互排斥的

B. 矛盾双方是相互渗透的

C. 矛盾双方是相互依存的

D. 矛盾双方是相互转化的

2. 唯物辩证法所说的矛盾，是指事物内部两个方面之间(　　)。

A. 相互排斥和相互斗争的关系

B. 相互对立和相互统一的关系

C. 相互联系和相互依存的关系

D. 相互渗透和相互转化的关系

3. 事物矛盾问题的精髓是(　　)。

A. 矛盾的共性和个性关系的问题

B. 矛盾的同一性和斗争性关系的问题

C. 主要矛盾和次要矛盾关系的问题

D. 矛盾的主要方面和次要方面关系的问题

4. 在我国战国时期，公孙龙提出了“白马非马”，这个命题的错误在于它割裂了(　　)。

A. 主要矛盾和次要矛盾的联系

B. 矛盾的主要方面和次要方面的联系

C. 矛盾的同一性和斗争性的联系

D. 矛盾的特殊性和普遍性的联系

5. “任何个别（无论怎样）都是一般。”这句话的正确含义是(　　)。

A. 特殊性就是普遍性

B. 特殊性存在于普遍性之中

C. 普遍性是特殊性的总和

D. 特殊性中包含着普遍性

6. “是就是，不是就不是，除此之外都是鬼话。”这是一种(　　)。

A. 形而上学的观点

B. 相对主义的观点

C. 唯心主义的观点

D. 辩证法的观点

7. 对立统一规律揭示了(　　)。

A. 事物发展的动力和源泉

B. 事物发展的状态和过程

C. 事物发展的方向和道路

D. 事物发展的两种趋向

8. 辩证法的否定观与形而上学的否定观的对立在于是否承认(　　)。

A. 肯定和否定是相互区别的

B. 肯定和否定是相互排斥的

C. 否定是对旧事物的克服

D. 否定是包含肯定的否定

9. 在唯物辩证法看来，水果同苹果、梨、香蕉、橘子等的关系是(　　)。

A. 共性和个性的关系

B. 整体和部分的关系

C. 本质和现象的关系

D. 内容和形式的关系

10. 事物的质和量的区别在于(　　)。

A. 质是事物的内在规定性，量是事物的外在表现

B. 事物的质是单一的，事物的量是多方面的

C. 质与事物的存在是直接同一的，量与事物的存在是不直接同一的

D. 事物的质是不变的，事物的量是不断变化的

11. “在对现存事物的肯定的理解中同时包含着对现存事物的否定的理解，即对现存事物必然灭亡的理解。”这是一种(　　)。

A. 形而上学的观点

B. 唯物辩证法的观点

C. 相对主义诡辩论的观点

D. 激变论的观点

12. 在内容和形式的矛盾运动中，(　　)。

A. 内容是相对稳定的，形式是活跃易变的

B. 内容是活跃易变的，形式是相对稳定的

C. 内容和形式都处在不停的显著变动状态

D. 内容的变化总是落后于形式的变化

13. 价值规律是通过商品交换中价格围绕价值上下波动表现出来的。这说明(　　)。

A. 必然性通过偶然性为自己开辟道路

B. 必然性可以转化为偶然性

C. 事物的发展是由可能性向现实性转化的过程

D. 事物的发展是由量变向质变转化的过程

14. “假象是客观的，是本质的表现。”这是一种(　　)。

A. 主观唯心主义的观点

B. 辩证唯物主义的观点

C. 相对主义诡辩论的观点

D. 不可知论的观点

15. 农民在播种前要估计种子的发芽率，这属于(　　)。

A. 区分可能性和不可能性

B. 区分现实的可能性和抽象的可能性

C. 区分可能性的大小、程度

D. 区分可能性和现实性

二、多项选择题(在每小题列出的五个选项中，有二至五个选项是符合题目要求的，选出正确答案并填在本书后面答题纸的括号内)

16. 同一性是矛盾的基本属性之一。下列命题中，属于矛盾的同一性含义的有(　　)。

A. 矛盾双方相互排斥

B. 矛盾双方相互依存

C. 矛盾双方相互贯通

D. 矛盾双方相互渗透

E. 矛盾双方相互转化

17. 下列表述中，能够体现重视矛盾特殊性的有(　　)。

A. 对症下药，量体裁衣

B. 欲擒故纵，声东击西

C. 因时制宜，因地制宜

D. 物极必反，相反相成

E. 因材施教，因人而异

18. 矛盾发展的不平衡性表现为(　　)。

A. 矛盾的同一性和斗争性的不同

B. 矛盾的普遍性和特殊性的不同

C. 内部矛盾和外部矛盾的不同

D. 主要矛盾和次要矛盾的不同

E. 矛盾的主要方面和次要方面的不同

19. 古语说："奢靡之始，危亡之渐。"这句话是说，奢靡逐步发展会导致危亡。其中包含的哲学道理有(　　)。

A. 现象是本质的外部表现

B. 特殊性中包含着普遍性

C. 量变是质变的必要准备

D. 质变是量变的必然结果

E. 质变会引起新的量变

20. 下列选项中，体现量变引起质变的哲学道理的有(　　)。

A. 九层之台，起于垒土

B. 千里之行，始于足下

C. 长堤溃蚁穴，君子慎其微

D. 天下无难事，只怕有心人

E. 水滴石穿，绳锯木断

21. "勿以恶小而为之，勿以善小而不为。"这句话体现的哲学道理有(　　)。

A. 事物的变化是从量变开始的

B. 量变是质变的必要准备

C. 量变积累到一定程度会发生质变

D. 量变和质变没有明显的区别

E. 质变会引起新的量变

22. 矛盾的同一性在事物发展中的作用表现在(　　)。

A. 使事物保持相对稳定，为事物的存在和发展提供必要前提

B. 矛盾双方互相从对方吸取有利于自身的因素而得到发展

C. 规定了事物向对立面转化的基本趋势

D. 推动矛盾双方的力量对比和相互关系发生变化

E. 突破事物存在的限度，实现事物的质变

23. 割裂量变和质变的辩证统一，会导致(　　)。

A. 庸俗唯物主义

B. 庸俗进化论

C. 改良主义

D. 激变论

E. 冒险主义

24. 割裂偶然性和必然性的辩证统一，会导致(　　)。

A. 形而上学机械决定论

B. 唯心主义非决定论

C. 相对主义诡辩论

D. 唯心主义先验论

E. 形而上学不变论

25. 辩证的否定观包含的内容有(　　)。

A. 辩证的否定是自我否定

B. 辩证的否定是事物联系的环节

C. 辩证的否定是事物发展的环节

D. 辩证的否定是“扬弃”

E. 辩证的否定是连续性和非连续性的统一

26. 辩证的否定观与形而上学否定观的对立表现在是否承认(　　)。

A. 否定是事物的自我否定

B. 否定与肯定是有区别的

C. 否定中包含着肯定

D. 否定是对旧事物的克服

E. 否定是“扬弃”

27. 下列命题中，正确说明一般与个别之间关系的有(　　)。

A. 一般只能通过个别而存在

B. 个别存在于一般之中

C. 个别一定与一般相联系而存在

D. 一般只是个别的一部分、一方面或本质

E. 一般是个别的总和

28. “本质决定现象，现象是本质的。”这句话的含义是(　　)。

A. 现象就是本质

B. 本质是现象的根据

C. 本质通过现象表现出来

D. 现象是本质的表现

E. 本质第一性，现象第二性

29. 事物的假象是指(　　)。

A. 虚假的不表现本质的现象

B. 从反面歪曲地表现本质的现象

C. 人们的错觉所认识的虚幻现象

D. 人们在梦幻中出现的现象

E. 以否定方式表现本质的现象

30. 下列说法中，揭示了事物本质的有(　　)。

A. 日出于东落于西

B. 水往低处流

C. 人的本质是一切社会关系的总和

D. 国家是阶级统治的工具

E. 认识是主体对客体的能动反映

II　主观性试题

31. 简述矛盾的同一性和斗争性及其相互关系。

32. 简述矛盾是事物发展的动力。

33. 简述矛盾的普遍性和特殊性的含义和意义。

34. 简述主要矛盾和次要矛盾及其相互关系。

35. 简述唯物辩证法的“两点论”和“重点论”的统一。

36. 简述质、量、度的含义以及把握度的意义。

37. 用内因和外因关系的原理，说明我国坚持独立自主、自力更生和对外开放的重要意义。

38. 用矛盾的普遍性和特殊性关系的原理，说明我国走建设中国特色社会主义道路的重要意义。

39. 用矛盾的主要方面和次要方面关系的原理，说明应怎样正确认识我国改革开放和社会主义现代化建设的形势。

40. 试述量变和质变的辩证关系及其对社会主义建设的指导意义。

41. 试述辩证的否定观与形而上学否定观的对立，并说明应怎样正确对待我国的传统文化和外国文化。

42. 用事物发展是前进性与曲折性统一的原理，说明应怎样正确认识我国社会主义建设事业的发展和社会主义改革。

第五章
认识的本质和发展过程

内容导学

一、学习目的和基本要求

目的和要求：

本章阐述马克思主义哲学的辩证唯物主义认识论的基本原理。马克思主义哲学第一次把科学的实践观点引入认识论，并将辩证法应用于反映论，从而全面科学地解决了认识的基础、认识的本质和发展规律等一系列重大问题，为人们认识世界和改造世界提供了科学的思想武器。学习这一章，要深刻理解实践的观点是辩证唯物主义认识论之首要的和基本的观点，实践是认识的基础；着重掌握马克思主义认识论是能动的革命的反映论，划清它和唯心主义认识论以及旧唯物主义认识论的理论界限，明确认识的本质是以实践为基础的主体对客体的能动反映；正确认识实践和认识(理论)的辩证关系；理解认识的辩证发展过程和人类认识运动的总规律；掌握辩证思维的基本方法。

要点提示：

1. 认识的本质

实践是主体能动的改造和探索客体的社会性的客观物质活动，实践具有客观性、能动性、社会历史性等基本特征。实践有生产实践、处理社会关系的实践、科学实验实践三种基本形式，其中生产实践是最基本的实践活动。认识主体和客体的含义及其相互关系，实践是认识的基础，实践的观点是辩证唯物主义认识论的第一和基本的观点，理论和实践的关系。认识的本质在于它是以实践为基础的主体对客体的能动反映，坚持唯物主义反映论；反对唯心主义先验论；坚持辩证唯物主义可知论，反对不可知论；坚持能动的革命的反映论，反对直观的被动的反映论。能动的反映是摹写与创造的统一。用理论与实际关系的原理，说明学习中国特色社会主义理论对我国社会主义现代化建设的重要意义。

2. 认识的辩证发展规律

感性认识与理性认识的含义、形式和特点，弄清感性认识与理性认识的辩证关系，由感性认识到理性认识是认识过程的第一次飞跃和实现这一飞跃的条件；由理性认识到实践是认识过程的第二次飞跃及实现这一飞跃的条件。对于一个复杂事物的认识，往往需要经过由实践到认识、由认识到实践的多次反复才能完成，认识发展的总规律是实践、认识、再实践、再认识，这种形式循环往复以至无穷，从而使认识由低级向高级发展。马克思主义认识论与无产阶级政党的群众路线的一致性。

3. 辩证思维的基本方法

为了实现主观和客观、理论和实践的具体的历史的统一，必须自觉运用辩证思维的方法即科学的逻辑思维方法。归纳和演绎，分析和综合，抽象和具体，逻辑与历史相统一是辩证思维方法的主要内容。辩证思维方法与现代科学思维方法的相互联系和相互促进。

二、基本概念与重点难点

基本概念：

实践、认识、认识的主体、认识的客体、反映论、先验论、能动的反映论、直观的反映论、感性认识、理性认识、认识运动的总规律

重点难点：

1. 实践的观点是辩证唯物主义认识论首要的和基本的观点；

2. 实践是认识的基础，对认识的决定作用；

3. 认识对实践的相对独立性和能动作用；

4. 认识的本质是以实践为基础的主体对客体的能动反映；

5. 感性认识与理性认识的辩证关系；

6. 认识过程的两次飞跃及其实现条件；

7. 认识运动的总规律；

8. 辩证思维的基本方法。

同步练习

Ⅰ 客观性试题

一、单项选择题(在每个小题列出的四个选项中，有一项是最符合题目要求的，请将正确选项的字母填在本书后面答题纸的括号内)

1. 在认识的问题上，两条不同的认识路线是指(　　)。

A. 物质——精神——物质和精神——物质——精神

B. 从物到感觉、思想和从思想、感觉到物

C. 个别——一般——个别和一般——个别——一般

D. 实践——认识——实践和认识——实践——认识

2. 实践是认识的来源表明(　　)。

A. 只要参加实践活动就能获得正确认识

B. 一切认识都要直接参加实践活动才能获得

C. 一切认识归根到底都是从实践中获得的

D. 只有直接经验来自实践

3. 当代自然科学的发展日新月异，新的研究成果层出不穷。从根本上说，这是由(　　)。

A. 科学家的聪明才智决定的

B. 正确的科技政策决定的

C. 环境和资源状况决定的

D. 生产实践的需要决定的

4. 一个完整的认识过程需要经过两次飞跃才能完成。下列选项中，属于

第二次飞跃的是(　　)。

A. 调查研究，了解情况

B. 深入思考，形成理论

C. 精心安排，制定计划

D. 执行计划，付诸实践

5. 16 世纪末，伽利略通过在比萨斜塔所做的自由落体试验，推翻了亚里士多德关于物体的降落速度与物体的重量成正比的说法。这件事说明(　　)。

A. 感性认识只有上升到理性认识才能把握事物的本质

B. 实践是检验认识正确与否的唯一标准

C. 实践是认识发展的动力

D. 真理是对事物及其规律的正确反映

6. 一个认识的完整过程是(　　)。

A. 感性认识——理性认识——感性认识

B. 实践——认识——实践

C. 概念——判断——推理

D. 感觉——知觉——表象

7. 直接经验和间接经验的关系是(　　)。

A. 感性认识和理性认识的关系

B. 认识中“源”和“流”的关系

C. 认识的内容和形式的关系

D. 实践和理论的关系

8. 辩证唯物主义认识论首要的和基本的观点是(　　)。

A. 唯物主义的观点

B. 实践的观点

C. 矛盾的观点

D. 联系和发展的观点

9. 感觉、知觉、表象是(　　)。

A. 理性认识的三种形式

B. 意识的三种形式

C. 感性认识的三种形式

D. 反映论的三种形式

10. 两种根本对立的认识论是指(　　)。

A. 可知论与不可知论的对立

B. 唯物辩证法与形而上学的对立

C. 唯物主义反映论与唯心主义先验论的对立

D. 能动的革命的反映论与直观的被动的反映论的对立

11. 驳斥不可知论最有力的武器是(　　)。

A. 指出社会实践可以证明人们认识的真理性

B. 指出物质是可以通过感觉感知的

C. 指出人可以透过现象揭示本质

D. 指出感性认识可以上升为理性认识

12. “离开革命实践的理论是空洞的理论，而不以革命理论为指导的实践是盲目的实践”这段话强调的是(　　)。

A. 要重视实践对理论的决定作用

B. 要发挥理论对实践的指导作用

C. 要坚持理论和实践相结合的原则

D. 要在实践中丰富和发展理论

13. “人的认识是主体对客体的直观反映。”这种观点属于(　　)。

A. 辩证唯物主义认识论

B. 客观唯心主义认识论

C. 主观唯心主义认识论

D. 形而上学唯物主义认识论

14. 感性认识和理性认识的区别在于(　　)。

A. 感性认识包含错误，理性认识则完全正确

B. 感性认识反映事物的现象，理性认识反映事物的本质

C. 感性认识来源于社会实践，理性认识来源于抽象思维

D. 感性认识产生于日常生活，理性认识产生于科学实验

15. 马克思主义揭示了人类社会发展的客观规律，为无产阶级革命斗争指明了方向。这说明(　　)。

A. 实践是认识发展的动力

B. 实践是检验真理的唯一标准

C. 科学理论对于实践有指导作用

D. 科学理论对于实践有决定作用

二、多项选择题(在每小题列出的五个选项中有二至五个选项是符合题目要求的，选出正确答案并填在本书后面答题纸的括号内)

16. 下列选项中，属于感性认识和理性认识区别的有(　　)。

A. 感性认识反映事物的外部联系，理性认识反映事物的内部联系

B. 感性认识反映事物的各个片面，理性认识反映事物的整体

C. 感性认识反映事物的表面现象，理性认识反映事物的内在本质

D. 感性认识包含错误成分，理性认识则正确可靠

E. 感性认识具有直接性和形象性，理性认识具有间接性和抽象性

17. 辩证唯物主义认识论与旧唯物主义认识论的区别，表现在是否承认(　　)。

A. 认识是主体对客体的反映

B. 世界是可以认识的

C. 实践对认识的决定作用

D. 认识是摹写与创造的统一

E. 认识是一个辩证发展的过程

18. 割裂感性认识和理性认识的辩证统一会导致(　　)。

A. 经验论

B. 唯理论

C. 庸俗唯物论

D. 经验主义

E. 教条主义

19. 下列说法属于唯心主义先验论的有(　　)。

A. 人的理性为自然界立法

B. 生而知之，良知良能

C. 绝对观念创造万物

D. 生死由命，富贵在天

E. 现实世界是理念世界的影子

20. 认识的主体和客体之间的关系包括(　　)。

A. 改造与被改造的实践关系

B. 反映与被反映的认识关系

C. 相互依存的关系

D. 相互作用的关系

E. 第二性与第一性的关系

21. 从理性认识到实践的飞跃是一次更为重要的飞跃，这是因为(　　)。

A. 实践是认识的来源

B. 实践是认识的目的

C. 实践是检验认识真理性的标准

D. 实践是认识发展的动力

E. 实践需要理论的指导

22. 人们对一个复杂事物的认识往往需要经过由实践到认识，由认识到实践的多次反复才能完成。这是因为(　　)。

A. 人的认识受到客观事物发展过程的限制

B. 人的认识受到科技水平和认识工具的限制

C. 人的认识受到主体的立场、观点和方法的限制

D. 人的认识需要多次反复才能达到终极真理

E. 人的认识受到一定社会历史条件的限制

23. 下列选项中，正确表述感性认识和理性认识关系的有(　　)。

A. 理性认识依赖于感性认识

B. 感性认识有待于发展到理性认识

C. 理性认识是感性认识的总和

D. 理性认识比感性认识真实可靠

E. 感性认识和理性认识相互渗透

24. 认识的客体具有(　　)。

A. 客观性

B. 对象性

C. 能动性

D. 社会性

E. 历史性

25. 下列表述中，符合马克思主义实践观的有(　　)。

A. 实践是人的纯精神理性活动

B. 实践是人的感性物质活动

C. 实践是人的社会历史性活动

D. 实践是人的自觉的能动性活动

E. 实践是人的消极适应环境的活动

26. 下列活动中，属于基本的实践形式的有(　　)。

A. 工人在工厂织布

B. 农民在田野里种庄稼

C. 医生在医院里诊病

D. 运动员在赛场上比赛

E. 农民培育农作物新品种

27. 实践是认识的基础，实践的观点是辩证唯物主义认识论第一和基本的观点，这是因为(　　)。

A. 实践是认识的来源

B. 实践是认识发展的动力

C. 实践是认识的实质

D. 实践是检验认识真理性的标准

E. 实践是认识的目的

28. 要坚持马克思主义认识论，必须划清的基本界限有(　　)。

A. 唯物主义反映论与唯心主义先验论的界限

B. 可知论与不可知论的界限

C. 能动的革命的反映论与直观的被动的反映论的界限

D. 辩证的决定论与机械的决定论的界限

E. 辩证唯物主义与庸俗进化论的界限

29. 下列选项中，属于理性认识形式的有(　　)。

A. 概念

B. 感觉

C. 判断

D. 推理

E. 表象

30. 辩证思维的基本方法有(　　)。

A. 归纳和演绎

B. 分析和综合

C. 概念——判断——推理

D. 抽象和具体

E. 逻辑和历史相统一

Ⅱ　主观性试题

31. 马克思主义认识论是怎样正确揭示出人的认识的本质的?

32. 简述实践和认识的关系。

33. 简述认识的主体和客体的关系

34. 辩证唯物主义认识论和旧唯物主义认识论的共同点和区别是什么?

35. 简述感性认识和理性认识及其辩证关系。

36. 试述人类认识发展的总规律及其意义。

37. 坚持辩证唯物主义认识论(即能动的革命的反映论)需要从理论上划清哪些界限?

38. 试述马克思主义认识论和党的群众路线的一致性以及坚持群众路线的重要意义。

第六章

真理和价值

内容导学

一、学习目的和基本要求

目的和要求：

本章属于辩证唯物主义认识论部分，主要阐述辩证唯物主义真理观。马克思主义哲学认为，真理是标志主观同客观相符合的哲学范畴，是人们对客观事物及其规律的正确反映。学习这一章，要深刻理解真理的客观性，这是唯物主义和唯心主义在真理问题上的对立；深刻理解真理的绝对性和相对性，这是辩证法和形而上学在真理问题上的对立；掌握实践是检验认识真理性的唯一标准及实践标准的确定性和不确定性；理解真理和价值的关系，坚持真理原则和价值原则在实践基础上的对立统一。

要点提示：

1. 真理的属性

真理和真理客观性的含义，凡真理都是客观真理，批判“有用的即真理”的唯心主义主观真理论。真理和谬误是对立的统一，它们相比较而存在，相斗争而发展，并能在一定条件下相互转化；自觉地坚持真理，修正错误。辩证地看待客观真理，它既有绝对性、无条件性，又有相对性、条件性，把握绝对真理和相对真理的辩证关系及其意义，形而上学的绝对主义和相对主义是错误的。

2. 真理的检验标准

人的认识是否具有真理性，唯一的检验标准是实践。实践之所以能成为检验真理的根本标准，这是由真理的本性和实践的特点所决定的。实践检验和逻辑证明的关系。实践标准是确定性和不确定性的统一。

3. 坚持实事求是的思想路线

党的思想路线的内容是一切从实际出发、理论联系实际、实事求是、在实践中检验真理和发展真理。实事求是是党的思想路线的核心，马克思主义认识论和党的思想路线的关系。实事求是和解放思想的含义，实事求是和解放思想、与时俱进、求真务实的关系。实事求是是马克思主义的精髓，是革命和建设以及中国特色社会主义事业不断取得胜利的重要法宝。

4. 真理和价值

真理原则与价值原则是人类活动的两大原则，人类活动中的“两个尺度”与两大原则是一致的。价值原则是客观性和主体性的结合与统一，它与真理原则既对立又统一，二者矛盾的不断出现与解决不断地促进着实践的发展和人类的进步。

二、基本概念与重点难点

基本概念：

真理、谬误、客观真理、绝对真理、相对真理、逻辑证明、实践标准的确定性与不确定性、价值、思想路线

重点难点：

1. 真理的含义及其客观性，客观真理与主观真理的对立；
2. 真理和谬误的关系；
3. 绝对真理和相对真理的含义及其辩证关系；
4. 实践是检验真理的唯一标准；
5. 实践标准是确定性和不确定性的统一；
6. 价值的本质及真理和价值的统一；
7. 党的思想路线的内容及其与马克思主义认识论的一致性。

同步练习

Ⅰ 客观性试题

一、单项选择题(在每个小题列出的四个选项中，有一项是最符合题目要求的，请将正确选项的字母填在本书后面答题纸的括号内)

1. 真理和谬误的区别在于(　　)。

A. 真理是对外部世界的反映，谬误是主观自生的

B. 真理是对事物的正确反映，谬误是对事物的歪曲反映

C. 真理是绝对的，谬误是相对的

D. 真理是不变的，谬误是可变的

2. 在真理观上坚持唯物主义，就必须承认(　　)。

A. 真理具有客观性

B. 真理具有相对性

C. 真理具有全面性

D. 真理具有具体性

3. 在真理观上坚持辩证法，就必须承认(　　)。

A. 真理的内容是客观的，形式是主观的

B. 真理既是绝对的又是相对的

C. 真理既是正确的又包含错误因素

D. 真理既是普遍的又是具体的

4. 任何科学理论都不能穷尽真理，而只能在实践中不断开辟认识真理的道路。这说明(　　)。

A. 真理具有绝对性

B. 真理具有相对性

C. 真理具有客观性

D. 真理具有全面性

5. 一种认识是不是真理，要看它(　　)。

A. 能否满足人的需要

B. 能否被多数人认可

C. 能否付诸实践

D. 能否在实践中达到预期的效果

6. 真理是没有阶级性的，在真理面前人人平等。这是因为(　　)。

A. 真理是绝对性和相对性的统一，真理是不断发展的

B. 真理是具体的，任何真理都有其适用的条件和范围

C. 真理就是客观规律，真理与人的阶级地位无关

D. 真理具有客观性，真理中包含着不依赖于人类的客观内容

7. 辩证法和形而上学在真理观上的对立表现在(　　)。

A. 前者认为真理是发展的，后者认为真理是不发展的

B. 前者认为真理中包含着错误，后者认为真理是绝对正确的

C. 前者认为真理来源于客观世界，后者认为真理来源于先验原则

D. 前者认为真理具有客观性，后者认为真理是纯粹主观的

8. 真理就是(　　)。

A. 客观事物及其规律

B. 对客观事物及其规律的正确认识

C. 对人们有用的理论

D. 为大多数人所承认的理论和意见

9. 真理的客观性是指(　　)。

A. 真理是人类经验的组织形式

B. 真理的内容及其检验标准是客观的

C. 真理的形式是客观的

D. 真理对实践的指导作用是客观的

10. 真理一元论就是对于一个确定的对象(　　)。

A. 只能有一种认识

B. 正确的认识只能一次获取

C. 正确的认识只能有一个

D. 用同一种方法获得认识

11. 真理和缪误在一定条件下可以相互转化，因为(　　)。

A. 真理中包含着谬误的成分

B. 谬误和真理没有绝对的界限

C. 真理都是具体的

D. 真理和谬误的区别是主观的

12. 真理的相对性或相对真理之所以是相对的，是因为(　　)。

A. 它是不完全可靠的真理

B. 任何真理都有一定的限度和适用条件

C. 它是已过时了的真理

D. 任何真理都包含着一些不可避免的错误成分

13. 绝对真理和相对真理是(　　)。

A. 两种完全不同的真理

B. 客观真理的两重属性

C. 有着固定不变的界限

D. 两种完全相同的真理

14. 马克思主义的精髓是(　　)。

A. 实事求是

B. 从群众中来，到群众中去

C. 阶级斗争理论

D. 社会革命理论

15. 党的思想路线的核心是(　　)。

A. 一切从实际出发

B. 理论联系实际

C. 实事求是

D. 在实践中检验真理和发展真理

二、多项选择题(在每小题列出的五个选项中，有二至五个选项是符合题目要求的，选出正确答案并填在本书后面答题纸的括号内)

16. 真理具有客观性，真理的客观性是指(　　)。

A. 真理是不依赖于意识的客观实在

B. 真理是不以人的意志为转移的客观规律

C. 真理中包含着不依赖于人的客观内容

D. 真理的检验标准是客观社会实践

E. 真理是由语言文字表达出来的客观化精神

17. 尽管历史上罗马教廷把哥白尼的“日心说”当作“异端邪说”加以打击，毁掉哥白尼的书，监禁伽利略，但这既不能改变地球绕太阳运转的规律，也不能阻止人们接受“日心说”。这一事例说明(　　)。

A. 客观规律不以人的意志为转移

B. 人在客观规律面前无能为力

C. 客观规律起作用是无条件的

D. 真理中包含着不依赖人的客观内容

E. 真理终究会战胜谬误

18. 关于真理的标准问题，下列说法中，属于唯心主义观点的有(　　)。

A. 公说公有理，婆说婆有理

B. 多数人认为正确的就是真理

C. 有权人认为正确的就是真理

D. 能够满足需要的就是真理

E. 符合已有理论的就是真理

19. 真理具有相对性，下列各项中，反映真理相对性的含义的有(　　)。

A. 真理都包含错误成分，需要修正

B. 真理是对世界某些方面的正确反映，需要扩展

C. 真理是抽象的，需要与具体实际相结合

D. 真理是对事物一定程度近似正确的反映，需要深化

E. 真理有其适用的条件，需要注意真理的应用范围

20. “实事求是”包含着丰富的哲学思想，它体现着(　　)。

A. 主观和客观的统一

B. 认识和实践的统一

C. 唯物主义和辩证法的统一

D. 尊重客观规律和发挥主观能动性的统一

E. 自由和必然的统一

21. 辩证唯物主义认识论认为，真理(　　)。

A. 具有主观性，因而称之为“主观真理”

B. 具有客观性，因而称之为“客观真理”

C. 具有绝对性，因为它是对客观事物的正确反映

D. 具有相对性，因为它有待于扩展和深化

E. 具有终极性，因而称之为“终极真理”

22. 绝对真理和相对真理是辩证统一的，表现在(　　)。

A. 相对真理中包含着绝对真理的颗粒

B. 绝对真理存在于相对真理之中

C. 无数相对真理的总和构成绝对真理

D. 相对真理是向绝对真理转化的

E. 真理是一个由相对真理走向绝对真理的过程

23. “有用的即真理”的错误在于(　　)。

A. 夸大了真理的绝对性

B. 属于实用主义真理观

C. 歪曲了真理的本性

D. 把真理性和有用性混用

E. 属于主观唯心主义真理观

24. 真理转化为谬误，一般有以下几种情况：(　　)。

A. 真理超出了一定范围

B. 真理超过了一定条件

C. 把真理的全面性片面化

D. 割裂真理绝对性和相对性的统一

E. 真理运用不当

25. 马克思主义作为人类认识的成果，是(　　)。

A. 完备无缺的绝对真理

B. 颠扑不破的客观真理

C. 开辟了人类认识真理的道路

D. 相对真理与绝对真理的统一

E. 包罗各种知识的终极真理

26. 真理是(　　)。

A. 标志主观同客观相符合的哲学范畴

B. 人们对客观事物及其发展规律的正确反映

C. 相对性与绝对性的辩证统一

D. 同谬误对立的正确认识

E. 体现认识与实践的具体历史统一的认识

27. 逻辑证明对实践检验有重要作用，(　　)。

A. 它可以证明实践无法直接检验的科学理论的正确性

B. 它是一种探索、论证真理的手段

C. 它是检验认识真理性的另一个标准

D. 它给实践检验以理论指导和依据

E. 它是实践检验的必要而有益的补充

28. 绝对真理和相对真理的关系是(　　)。

A. 绝对真理寓于相对真理之中

B. 二者相互包含、相互依赖

C. 任何相对真理都包含有绝对真理的颗粒

D. 无数相对真理之总和构成绝对真理

E. 真理永远处在由相对到绝对转化的过程中

29. 割裂真理的相对性和绝对性的辩证关系会导致(　　)。

A. 绝对主义

B. 相对主义

C. 经验主义

D. 教条主义

E. 诡辩论

30. 实践作为检验真理的唯一标准，是因为(　　)。

A. 真理是标志主观和客观相符合的范畴

B. 实践是沟通主客观的桥梁

C. 实践具有普遍性

D. 实践具有直接现实性

E. 实践具有不稳定性

II 主观性试题

31. 简述真理的含义及其客观性。

32. 真理和谬误的关系是什么？

33. 简述绝对真理和相对真理的辩证关系。

34. 为什么说实践是检验真理的唯一标准？

35. 简述实践作为检验真理标准的确定性与不确定性。

36. 试述马克思主义认识论和党的思想路线的关系，并说明坚持党的思想路线的重要意义。

第七章

人类社会的本质和基本结构

内容导学

一、学习目的和基本要求

目的和要求：

本章开始阐述马克思主义哲学历史唯物主义的基本原理。历史唯物主义是关于人类社会发展的一般规律的科学，是唯物主义和辩证法相统一的科学的历史观。学习这一章，首先要明确历史观的基本问题是社会存在和社会意识的关系问题；深刻理解马克思关于“社会生活在本质上是实践”的科学论断，物质资料生产是人类社会最基本的实践活动；深刻理解社会物质生活条件即地理环境、人口因素和生产方式在社会发展中的作用；掌握社会的经济结构、社会的政治结构、社会的意识结构的基本内容，并在此基础上把握社会整体的基本结构。

要点提示：

1. 社会生活的本质和两种历史观的对立。人类及人类社会是自然界长期发展的产物，在从自然界向社会转化的过程中，劳动起了决定性的作用；社会存在和社会意识的关系问题是历史观的基本问题，如何回答这一问题是划分历史唯物主义和历史唯心主义的唯一标准。

2. 社会物质生活条件

地理环境的含义，地理环境在社会发展中的作用的表现和性质；人口因素的含义，人口生产不同与物质生产的特点及人口因素在社会发展中的作用的表现及性质；生产方式的含义，生产方式在社会发展中起决定性作用，历史唯物主义在生产劳动的发展史中找到了理解全部人类社会历史的钥匙。

3. 社会的基本结构

广义的经济结构和狭义的经济结构的区分，生产力的含义和生产力系统的内容；生产关系的含义和构成要素，生产资料所有制形式在生产关系体系中的决定作用，生产资料所有制两种基本类型的区别；社会政治结构的含义，国家的起源、特征、职能、本质以及国体和政体的关系，国家的政治职能和社会职能的关系；社会意识的一般特点以及社会意识相对独立性的含义和具体表现；社会心理和思想体系的含义及二者的相互关系，个体意识和群体意识的区别与联系。

二、基本概念与重点难点

基本概念：

社会存在、社会意识、劳动、地理环境、人口因素、生产方式、生产力、生产关系、国家、社会心理、思想体系、社会经济结构、社会政治结构、社会意识结构

重点难点：

1. 唯物史观和唯心史观的根本区别；
2. 社会存在和社会意识的辩证关系；
3. 社会生活的实践本质；
4. 地理环境和人口因素在社会发展中的重要作用；
5. 生产方式是社会发展的决定力量；
6. 生产力的构成和科学技术是第一生产力；
7. 生产关系在社会结构中的基础地位；
8. 社会的政治结构及其核心；
9. 社会的意识结构以及文化的本质和功能；
10. 社会意识的一般特点。

同 步 练 习

Ⅰ 客观性试题

一、单项选择题(在每小题列出的四个选项中，有一项是最符合题目要求的，请将正确选项的字母填在本书后面答题纸的括号内)

1. 在从猿变人的过程中，具有决定性意义的因素是(　　)。

A. 气候变化

B. 生产劳动

C. 类人猿的生理结构

D. 制造使用工具

2. 人类区别于动物的根本标志是(　　)。

A. 具有思想意识

B. 具有宗教信仰

C. 具有语言文字

D. 制造使用工具

3. 联结人与自然的中介是(　　)。

A. 社会关系

B. 社会意识

C. 生产劳动

D. 阶级压迫关系

4. 人类全部社会关系中，最基础的关系是(　　)。

A. 血缘亲族关系

B. 社会生产关系

C. 政治思想关系

D. 阶级压迫关系

5. 地理环境对社会发展的作用主要通过对(　　)的影响来实现。

A. 人的心理素质

B. 人的生理结构

C. 生产过程

D. 民族气质

6. 物质资料的生产方式包括(　　)两个方面。

A. 劳动者和劳动工具

B. 劳动资料和劳动对象

C. 生产力和生产关系

D. 生产关系和生产资料

7. 在社会发展中起决定性作用的因素是(　　)。

A. 地理环境的优劣

B. 人口增长的快慢

C. 社会风气的好坏

D. 物质资料的生产方式

8. 理解整个人类社会发展的钥匙是(　　)。

A. 阶级斗争的发展史

B. 生产劳动的发展史

C. 产品的分配方式

D. 政治制度的演变史

9. 生产关系包括多项内容，其中起决定性作用的是(　　)。

A. 劳动者的分工形式

B. 生产资料的所有制形式

C. 产品的分配方式

D. 商品的交换方式

10. 国家的本质是(　　)。

A. 管理社会各项事务的机构

B. 保卫社会秩序的安全

C. 保卫国家主权和领土的完整

D. 统治阶级压迫被统治阶级的暴力工具

11. 社会意识是(　　)。

A. 社会的精神现象和精神生活过程

B. 社会的政治生活过程

C. 人类改造自然的过程

D. 人类改造社会的过程

12. 下列各组社会意识诸形式中，全部属于非意识形态范围的是(　　)。

A. 政治思想、语言学、道德

B. 技术科学、哲学、艺术

C. 自然科学、逻辑学、语言学

D. 法律思想、逻辑学、宗教

13. 下列各组社会意识诸形式中，全部属于意识形态范围的是(　　)。

A. 自然科学、道德、宗教

B. 法律思想、逻辑学、宗教

C. 政治思想、艺术、语言学、

D. 法律思想、哲学、宗教

14. 先进的社会意识之所以能对社会的发展起到促进作用，是由于(　　)。

A. 它正确反映了社会发展规律

B. 它是社会存在的反映

C. 它具有相对独立性

D. 它具有历史继承性

15. “社会形态的发展是一个自然历史过程”这句话说的是(　　)。

A. 社会规律与自然规律完全相同

B. 社会发展是纯粹自发的过程

C. 社会发展不受人的思想动机的影响

D. 社会发展具有不依人的意志为转移的客观规律性

二、多项选择题(在每小题列出的五个选项中，有二至五个选项是符合题目要求的，选出正确答案并填在本书后面答题纸的括号内)

16. 人类的劳动与动物的活动的区别在于(　　)。

A. 前者用工具生产物质资料，后者用自己的肢体获取自然界现成的食物

B. 前者能积极地改造自然，后者则只能消极地适应自然

C. 前者是有意识、有目的的活动，后者则是本能的活动

D. 前者是精神性的活动，后者则是物质性的活动

E. 前者具有社会性，后者虽有群体性但无社会性

17. 下列选项中，属于社会物质生活条件的是(　　)。

A. 国家政权

B. 人口因素

C. 地理环境

D. 阶级构成

E. 生产方式

18. 下列选项中，正确反映人对地理环境的依赖关系的有(　　)。

A. 地理环境的优劣可以决定社会制度的性质

B. 地理环境的变化可以决定社会制度的更替

C. 地理环境为人类提供社会生产和生活的场所

D. 地理环境为人类提供社会生产和生活的自然资源

E. 地理环境的优劣可以加速或延缓社会的发展

19. 人口因素不是社会发展的决定力量，这是因为(　　)。

A. 人口因素不能决定社会制度的性质

B. 人口生产受生产力发展水平的制约

C. 人口生产不能决定社会制度的更替

D. 人口状况只能加速或延缓社会的发展

E. 人口生产的社会形式受生产方式制约

20. 下列选项中，属于生产方式内容的有(　　)。

A. 生产关系

B. 政治关系

C. 思想关系

D. 宗教关系

E. 生产力

21. 社会心理和社会意识形式既有联系又有区别，下列各项中，反映两者区别的有(　　)。

A. 前者错综复杂，后者简单清晰

B. 前者有鲜明的阶级性，后者阶级性不明显

C. 前者不定型、不系统，后者已经系统化、理论化

D. 前者是社会意识的低级层次，后者是社会意识的高级层次

E. 前者直接与日常生活相联系，后者是对社会存在的间接反映

22. 下列选项中，属于社会意识相对独立性的表现的有(　　)。

A. 社会意识与社会存在变化发展的非完全同步性

B. 社会意识有根本不同于社会存在的独立的历史

C. 社会意识与经济发展水平的不平衡性

D. 社会意识各种形式之间相互影响

E. 社会意识的发展具有历史继承性

23. 下列选项中，属于生产关系内容的有(　　)。

A. 历史主体与历史客体的关系

B. 生产资料所有制形式

C. 产品分配形式

D. 人们在生产中的地位及相互关系

E. 人与人之间的政治关系

24. 生产资料所有制形式是生产关系的基础，因为(　　)。

A. 它决定整个生产关系的性质

B. 它决定人们在生产中的地位及相互关系

C. 它决定生产力水平的高低

D. 它决定产品的分配方式

E. 它决定科学技术的发展规律

25. 下列选项中，属于生产力系统的要素的有(　　)。

A. 独立的实体因素

B. 运筹性的综合因素

C. 渗透性因素

D. 准备性因素

E. 社会关系因素

26. 马克思以宏观的经济运行形式为基础，把人类历史划分为依次更替的三种社会形态，它们是(　　)。

A. 自然经济社会

B. 商品经济社会

C. 产品经济社会

D. 古代农业社会

E. 现代农业社会

27. 社会意识的一般特点是(　　)。

A. 民族性

B. 阶级性

C. 对社会存在的依赖性

D. 实践性

E. 相对独立性

28. 社会意识与社会存在的发展变化不完全同步，这是指(　　)。

A. 社会意识始终落后于社会存在的发展

B. 社会意识有时落后于社会存在的发展

C. 社会意识始终超前于社会存在的发展

D. 社会意识有时预见到社会存在未来的发展趋势

E. 社会意识与社会存在不可能同步发展

29. 社会心理与社会意识形式的区别在于(　　)。

A. 它们有低级与高级之分

B. 它们有直接与间接之分

C. 它们对社会存在有反映与不反映之分

D. 它们对社会存在有反作用与无反作用之分

E. 它们的内容有客观与主观之分

30. 社会意识是(　　)。

A. 人们对于社会而不是对自然的反映

B. 唯物史观的基本范畴

C. 表示人类社会全部精神现象及其过程的哲学范畴

D. 唯物辩证法的基本范畴

E. 社会意识形态中各种意识形式的总和

Ⅱ　主观性试题

31. 简述地理环境和人口因素在社会发展中的作用。

32. 简述生产方式的含义及其在社会发展中的作用。

33. 生产资料所有制形式在生产关系中起什么作用？为什么？

34. 社会意识的一般特点是什么？

35. 简述国体和政体的相互关系。

36. 简述社会心理和思想体系的含义及二者的关系。

37. 简述个体意识和群体意识的含义及二者的关系。

第八章 社会发展规律和历史主体的作用

内容导学

一、学习目的和基本要求

目的和要求：

本章继续阐述马克思主义哲学历史唯物主义的基本原理，主要讲述人类社会发展的一般规律及人民群众和个人的历史作用。学习这一章，要着重掌握社会基本矛盾是社会发展的根本动力，生产关系一定要适合生产力状况的规律和上层建筑一定要适合经济基础状况的规律；理解推动社会发展的动力是一个动力系统，除社会基本矛盾外，阶级斗争是阶级社会发展的直接动力，科学技术是社会发展的巨大杠杆，社会革命和社会改革在推动社会进步与发展中都有重要的作用；深刻理解社会历史发展的客观性和人的自觉活动的辩证关系，划清群众史观和英雄史观的界限，在坚持人民群众是历史创造者的前提下，正确认识和评价杰出历史人物在历史上的重要作用。

要点提示：

1. 社会基本矛盾的理论

生产力和生产关系的矛盾、经济基础和上层建筑的矛盾是人类社会的基本矛盾，生产力和生产关系的辩证关系以及生产关系一定要适合生产力状况的规律。经济基础和上层建筑的含义，政治上层建筑与观念上层建筑之间的关系，经济基础和上层建筑的辩证关系以及上层建筑一定要适合经济基础状况的规律。用生产关系一定要适合生产力状况的规律，说明我国社会主义初级阶段的基本经济制度的正确性；用上层建筑一定要适合经济基础状况的规律，说明我国进行政治体制改革的重要意义。

2. 社会发展的动力系统

社会基本矛盾是人类社会发展的根本动力。阶级斗争是社会基本矛盾在阶级社会的集中表现，它是阶级社会发展的直接动力，阶级的含义和实质，阶级划分的标准，阶级斗争的含义及在社会发展中的作用。社会革命的实质、根源、条件和作用，革命的形式和道路问题。社会改革的实质和作用，把握改革和社会革命的区别与联系，社会主义社会的改革和阶级社会改革的区别与联系。掌握科学的社会功能，科技革命是推动社会发展的强有力的杠杆。

3. 历史主体的作用

社会形态的发展是一个自然历史过程的含义，社会历史发展的客观性和人的自觉活动的辩证关系。在谁是历史创造者的问题上，群众史观和英雄史观的根本对立。什么是人民群众，人民群众创造历史的决定作用的表现，人民群众作用的社会制约性。普通个人和历史人物及杰出人物和反动人物的区分，杰出人物在历史上的重大作用，正确评价杰出人物的基本观点和方法。无产阶级政党的群众观点和群众路线的内容以及坚持党的群众路线的重大意义。

二、基本概念与重点难点

基本概念：

社会基本矛盾、生产力和生产关系、经济基础和上层建筑、政治上层建筑、观念上层建筑、阶级、阶级斗争、社会革命、社会改革、科学技术革命、人民群众、历史人物、群众观点、群众路线

重点难点：

1. 生产关系一定要适合生产力状况的规律；
2. 上层建筑一定要适合经济基础状况的规律；
3. 社会基本矛盾是社会发展的根本动力；
4. 阶级斗争是阶级社会发展的直接动力；

5. 社会革命和改革在社会发展中的作用；
6. 科学技术革命在社会发展中的作用；
7. 历史决定论和主体选择作用的一致性；
8. 人民群众是历史的创造者；
9. 历史人物的作用及其评价的原则和方法。

同步练习

Ⅰ　客观性试题

一、单项选择题(在每个小题列出的四个选项中，有一项是最符合题目要求的，请将正确选项的字母填在本书后面答题纸的括号内)

1. 人类社会的基本矛盾是(　　)。
A. 人与自然界之间的矛盾
B. 人与人之间的社会矛盾
C. 先进与落后、开拓进取与因循守旧之间的矛盾
D. 生产力与生产关系、经济基础与上层建筑之间的矛盾

2. 判断一种生产关系是否先进的根本标志是(　　)。
A. 生产资料公有制还是生产资料私有制
B. 促进生产力发展还是阻碍生产力发展
C. 社会化大生产还是个体小生产
D. 封闭的自然经济还是市场经济

3. 经济基础是一定社会中(　　)。
A. 生产力系统各要素的总和
B. 生产力和生产关系的总和
C. 占统治地位的生产关系各方面的总和
D. 现存的各种社会关系的总和

4. 上层建筑由两大部分构成。它们是(　　)。
A. 政治制度和法律制度

B. 政治关系和法律关系

C. 政治思想和法律思想

D. 政治上层建筑和观念上层建筑

5. 国家政权属于(　　)。

A. 社会的经济基础

B. 社会的上层建筑

C. 社会的物质生活条件

D. 统治阶级意志的表现

6. 划分阶级的唯一标准是(　　)。

A. 经济标准

B. 政治标准

C. 社会标准

D. 法律标准

7. 阶级斗争是阶级社会发展的(　　)。

A. 根本动力

B. 唯一动力

C. 最终动力

D. 直接动力

8. 社会革命是(　　)。

A. 经济斗争

B. 政治斗争

C. 武装斗争

D. 革命阶级推翻反动阶级统治夺取国家政权的斗争

9. 改革在人类历史上具有普遍性，它是(　　)。

A. 社会制度更替的一种形式

B. 对社会体制进行改革和创新

C. 统治阶级向被统治阶级妥协

D. 革命阶级反对反动统治阶级的斗争

10. 社会主义社会的改革是(　　)。

A. 改变社会主义的基本经济制度

B. 改变社会主义的基本政治制度

C. 改变社会主义的经济运行模式

D. 社会主义制度的自我完善和发展

11. 唯物史观和唯心史观在历史创造者问题上的根本对立，在于是否承认(　　)。

A. 个人在历史发展中的作用

B. 思想动机在社会发展中的作用

C. 人民群众是历史的创造者，是推动历史发展的决定力量

D. 剥削阶级代表人物在历史发展中的作用

12. 唯物史观所说的人民群众是指(　　)。

A. 劳动群众

B. 居民中的先进分子

C. 无产阶级

D. 一切对社会历史发展起推动作用的人们

13. “任何英雄人物的历史作用都不能超出他们所处的历史条件所许可的范围。”这种观点是(　　)。

A. 宿命论观点

B. 机械论观点

C. 历史唯物主义观点

D. 历史唯心主义观点

14. 历史上杰出人物的产生是(　　)。

A. 主观能动性和客观规律性的统一

B. 历史必然性和偶然性的统一

C. 理论活动和实践活动的统一

D. 社会经济条件和政治条件的统一

15. 科学既是知识的理论体系，同时又是(　　)。

A. 获得知识的社会认识活动

B. 自然科学家的科学实验活动

C. 社会科学家的社会调查活动

D. 技术专家的技术发明活动

二、多项选择题(在每小题列出的五个选项中，有二至五个选项是符合题目要求的，选出正确答案并填在本书后面答题纸的括号内)

16. 下列选项中，属于社会基本矛盾的有(　　)。

A. 人和自然之间的矛盾

B. 生产力和生产关系之间的矛盾

C. 个人和社会之间的矛盾

D. 剥削阶级和被剥削阶级之间的矛盾

E. 经济基础和上层建筑之间的矛盾

17. 下列选项中，属于一切社会形态共有的规律的是(　　)。

A. 生产关系一定要适合生产力状况的规律

B. 通过暴力革命实现社会形态更替的规律

C. 使一部分人通过合法劳动先富起来的规律

D. 社会存在决定社会意识和社会意识反作用于社会存在的规律

E. 上层建筑一定要适合经济基础状况的规律

18. 生产力和生产关系、经济基础和上层建筑之间的矛盾是人类社会的基本矛盾。因为这两对矛盾(　　)。

A. 制约和决定其他一切社会矛盾

B. 是推动社会发展的根本动力

C. 决定整个社会的性质和面貌

D. 决定社会发展的客观趋势

E. 囊括了人类社会的一切矛盾

19. 下列选项中，属于生产关系一定要适合生产力状况这一规律的基本内容的有(　　)。

A. 生产力决定生产关系

B. 生产关系反作用于生产力

C. 生产力内部各要素的矛盾

D. 生产关系内部各方面的矛盾

E. 生产力和生产关系之间的矛盾运动

20. 下列选项中，属于上层建筑一定要适合经济基础状况规律的基本内容的有(　　)。

A. 经济基础决定上层建筑

B. 上层建筑反作用于经济基础

C. 上层建筑内部各方面之间的矛盾

D. 上层建筑两个部分之间的矛盾

E. 上层建筑和经济基础之间的矛盾运动

21. 上层建筑是一个庞大的体系，可以将其内容归结为哪两个组成部分？

A. 政治思想和制度

B. 法律思想和制度

C. 军事思想和制度

D. 政治上层建筑

E. 观念上层建筑

22. 历史唯心主义的两个根本缺陷是(　　)。

A. 看不到阶级斗争在社会发展中的作用

B. 看不到物质生产是人们思想动机的根源

C. 看不到杰出人物在历史上的作用

D. 不承认人民群众是推动历史发展的决定性力量

E. 看不到科学技术在历史发展中的巨大作用

23. 下列选项中，属于英雄创造历史的历史唯心主义产生的根源的是(　　)。

A. 生产规模的狭小限制了人们的眼界

B. 剥削阶级的偏见曲解了历史的发展

C. 科学技术发展水平不高

D. 认识上的直线性和片面性

E. 保守落后思想的腐蚀作用

24. 下列选项中，反映科学的本质的有(　　)。

A. 科学是知识的理论体系
B. 科学是一切知识的总汇
C. 科学是获得知识的社会认识活动
D. 科学是关于自然界现象的知识
E. 科学是关于社会现象的知识

25. 科学技术是第一生产力，这是因为(　　)。
A. 科学技术是社会发展的根本动力
B. 科学技术渗透到现代生产力系统的各类要素之中
C. 科学技术对物质生产具有主导作用和超前作用
D. 科学技术是推动生产力发展的巨大杠杆
E. 科学技术可以一视同仁地为一切经济基础服务

26. 国家的基本特征是(　　)。
A. 它是一种特殊的权力机关
B. 它要征收赋税
C. 它按地域划分国民
D. 它要维持社会秩序
E. 它是同全体居民相一致的社会组织

27. 人民群众是历史的创造者，表现在(　　)。
A. 人民群众是社会物质财富的创造者
B. 人民群众是社会精神财富的创造者
C. 人民群众是社会变革的决定力量
D. 人民群众具有社会上先进分子的先进作用
E. 人民群众就是劳动群众，其作用一样

28. 社会历史条件对历史人物的制约作用，表现在(　　)。
A. 时势召唤英雄
B. 时势造就英雄
C. 时势筛选英雄
D. 时势锻炼英雄
E. 时势制约英雄

29. 群众对领袖的热爱和对领袖威望的维护，本质上是(　　)。

A. 对党的利益的爱护

B. 对人民利益的爱护

C. 对阶级利益的爱护

D. 对个人利益的爱护

E. 对领袖的个人崇拜

30. 无产阶级政党的群众观点的内容包括(　　)。

A. 坚信人民群众自己解放自己的观点

B. 全心全意为人民服务的观点

C. 一切向人民群众负责的观点

D. 虚心向人民群众学习的观点

E. 关心群众疾苦、满足群众一切需求的观点

Ⅱ　主观性试题

31. 如何理解生产关系一定要适合生产力状况的规律及其意义？

32. 如何理解上层建筑一定要适合经济基础状况的规律及其意义？

33. 简述历史唯心主义的根本缺陷及其根源。

34. 简述社会改革与革命的区别以及改革在社会发展中的作用。

35. 简述人民群众的概念及其历史作用。

36. 试分析社会主义社会基本矛盾的性质和特点，并说明社会主义改革的必要性。

37. 怎样理解“科学技术是第一生产力”？

38. 运用历史决定论和主体选择作用一致性的原理说明我国选择中国特色社会主义发展道路的正确性。

第九章 社会进步和人的全面发展

内容导学

一、学习目的和基本要求

目的和要求:

本章是历史唯物主义部分的总结,从而也是马克思主义哲学原理的总结。

学习这一章，要求掌握社会进步的历史必然性、社会进步的曲折性和复杂性、社会进步的标准；理解人的本质和人的社会性，明确人的社会价值和自我价值的含义以及二者的关系，树立正确的人生观和价值观。要从历史发展总趋势上理解实现共产主义的历史必然性，弄懂从必然王国向自由王国飞跃的过程，就是人类向共产主义社会过渡的过程。要树立为共产主义而奋斗的伟大理想，积极投身于中国特色社会主义建设的伟大实践中。

要点提示:

1. 社会进步

社会进步的含义，社会进步与社会发展的区别和联系，社会基本矛盾是社会进步的内在根据，社会进步的曲折性和复杂性及其根本原因，社会主义取代资本主义是一个艰难曲折的过程。生产力的发展是社会进步的根本标准，社会进步标准的综合性。

2. 人的本质和人的社会性

文艺复兴时期的思想家和启蒙运动思想家对人的本质的认识及他们的贡献和缺陷，历史唯物主义研究人的问题的根本观点和方法，劳动是人与动物的根本区别，人的本质在其现实性上是一切社会关系的总和，马克思主义哲学关于人的本质理论的科学性。人的自然属性和社会属性及二者之间的关系。

3. 人的价值及其实现

价值的一般含义，人的社会价值与自我价值及二者的关系，社会实践是实现人的价值的唯一途径及社会分工与人的价值大小的关系，用人的社会价值和自我价值关系的原理说明人生的意义在于为社会作贡献。人生观的含义，人生观和世界观的关系，共产主义人生观的内容及树立共产主义人生观的意义和途径。

4. 共产主义和人的全面发展

人类历史发展的总趋势是前进的、上升的，认清历史发展总趋势的意义。必然王国和自由王国的含义，必然与自由的关系，由必然王国向自由王国的飞跃是一个很长的历史过程。人类解放的含义和实现的途径，共产主义的含义，只有在共产主义社会，才能实现人的全面发展。

二、基本概念与重点难点

基本概念：

社会进步、人的本质、人的价值、自我价值、社会价值、人的全面发展、必然王国、自由王国、人类解放、共产主义

重点难点：

1. 社会进步是人类历史发展的总趋势；
2. 人的本质和人的社会性；
3. 人的价值是社会价值与自我价值的统一；
4. 人的发展及其与社会发展的关系；
5. 人的自由和人的全面发展；
6. 共产主义是人类从必然王国向自由王国的飞跃。

同步练习

Ⅰ 客观性试题

一、单项选择题(在每个小题列出的四个选项中，有一项是最符合题目要求的，请将正确选项的字母填在本书后面答题纸的括号内)

1. 社会进步的内在根据是(　　)。

A. 人与自然之间的和谐发展

B. 人与人之间的团结合作

C. 各民族之间的和谐相处

D. 社会基本矛盾运动

2. 社会进步的最根本的标准是(　　)。

A. 社会秩序的稳定

B. 民主程度的提高

C. 生产力的发展

D. 自然环境的改善

3. 社会进步的曲折性和反复性的根本原因是(　　)。

A. 社会发展具有与自然界发展不同的特点

B. 旧的社会势力和反动阶级顽强而持久的反抗

C. 人类认识能力和实践能力的局限

D. 自然灾害的危害和人的自私观念作祟

4. 生产力的发展是社会进步的(　　)。

A. 唯一标准

B. 根本标准

C. 最高标准

D. 潜在标准

5. 人的本质属性是(　　)。

A. 自然属性

B. 社会属性

C. 物质属性

D. 先天属性

6. 马克思主义哲学认为，人的本质是(　　)。

A. 自由的、自觉的活动

B. 自然属性和社会属性的统一

C. 有语言文字和宗教信仰

D. 有意识和抽象思维能力

7. 人的社会性在阶级社会中突出表现为(　　)。

A. 人的自私性

B. 人的阶级性

C. 人的个体性

D. 人的意识性

8. 人的价值包括两个方面，这就是(　　)。

A. 人的经济价值和政治价值

B. 人的物质价值和精神价值

C. 人的潜在价值和现实价值

D. 人的自我价值和社会价值

9. 人在价值关系中与其他存在物的根本区别在于(　　)。

A. 人既有物质价值又有精神价值，其他存在物只有物质价值

B. 人既有自然价值又有社会价值，其他存在物只有自然价值

C. 人既有自我价值又有社会价值，其他存在物只有自我价值

D. 人既可以是价值客体又可以是价值主体，其他存在物只能是价值客体不能是价值主体

10. 人的社会价值的大小主要取决于(　　)。

A. 个人对社会奉献的多少

B. 个人社会地位的高低

C. 个人知识和才能的多少

D. 个人所从事的职业是否重要

11. 人生观是对人生的根本看法和信念，其核心是(　　)。

A. 人生目的

B. 人生理想

C. 人生态度

D. 人生意义

12. 奠定正确的人生观、明确人生意义的关键是(　　)。

A. 处理好人的自然属性和社会属性的关系

B. 处理好贡献和索取的关系

C. 处理好理想和现实的关系

D. 处理好理论和实践的关系

13. 人类历史发展的总趋势是(　　)。

A. 前进的、上升的、由低级向高级的过程

B. 周而复始的循环过程

C. 有时前进、有时倒退的过程

D. 有时进步、有时落后的过程

14. 必然王国和自由王国是社会发展的(　　)。

A. 两个不同的阶段

B. 两条不同的道路

C. 两种不同的结果

D. 两种不同的状态

15. 人类解放是指(　　)。

A. 人类不受任何约束而获得绝对自由

B. 人类摆脱某种束缚而获得了自由

C. 人类推翻剥削阶级的压迫

D. 人类不再有阶级剥削

二、**多项选择题**(在每小题列出的五个选项中，有二至五个选项是符合题目要求的，选出正确答案并填在本书后面答题纸的括号内)

16. 下列表述中，违背马克思主义关于人的本质观点的有(　　)。

A. 人之初，性本善

B. 人的本性是自私的

C. 人的本性是趋利避害

D. 人的本质属性是理性思维

E. 人的本质属性是社会性

17. 人有自然属性和社会属性两种属性，社会属性是根本属性，它表现在(　　)。

A. 人的社会属性和自然属性是截然分开的

B. 人是社会的产物

C. 人的生产活动具有社会性

D. 人的社会属性制约人的自然属性

E. 人的生活具有社会性

18. 人生观和世界观的关系是(　　)。

A. 世界观决定人生观

B. 人生观是世界观的基础

C. 人生观对世界观有重大影响

D. 人生观是世界观的重要组成部分

E. 人生观和世界观没有必然联系

19. 人类历史发展的总趋势是(　　)。

A. 前进的、上升的过程

B. 由低级到高级的发展过程

C. 循环往复、周而复始的过程

D. 一帆风顺、平稳进化的过程

E. 时进时退、时快时慢的过程

20. 社会进步的内在根据是社会基本矛盾。这是因为(　　)。

A. 社会基本矛盾是各种社会矛盾的总汇

B. 社会基本矛盾决定社会制度的性质

C. 社会基本矛盾决定社会制度的更替

D. 社会基本矛盾决定社会发展的基本趋势

E. 社会基本矛盾是社会发展的根本动力

21. 社会进步的标准不是单一的，而是综合的。下列各项中，属于社会进步的标准的有(　　)。

A. 生产力的发展和科学技术水平的提高

B. 先进的生产关系代替落后的生产关系

C. 进步的政治制度代替反动的政治制度

D. 良好的道德风尚代替腐朽的道德风气

E. 一种经济体制代替另一种经济体制

22. 文艺复兴运动和启蒙运动的思想家，在人性和人的本质问题上的看法的错误在于(　　)。

A. 把人性和人的本质看成是先天的，而不是后天的

B. 把人性和人的本质看做是不变的，而不是变化的

C. 把人性和人的本质看做是神赐的，而不是自身形成的

D. 把人性和人的本质看成是抽象的，而不是具体的

E. 把资产阶级一个阶级的阶级性，看做是人的共同本质

23. “人的本质并不是单个人所固有的抽象物，在其现实性上，它是一切社会关系的总和。”这句话说明(　　)。

A. 人的本质不是先天的，而是在社会实践中形成的

B. 人的本质不是抽象的，而是具体的

C. 人的本质不是不变的，而是变化的

D. 人的社会属性属于人性范围，人的自然属性则不属于人性范围

E. 在社会关系中处于不同地位的人具有不同的本质

24. 下列选项中，体现个人和社会关系的有(　　)。

A. 人生自古谁无死，留取丹心照汗青

B. 书山有路勤为径，学海无涯苦作舟

C. 横眉冷对千夫指，俯首甘为孺子牛

D. 先天下之忧而忧，后天下之乐而乐

E. 人的生命是有限的，为人民服务是无限的

25. 下列选项中，正确反映个人的自我价值与社会价值关系的有(　　)。

A. 你若要喜欢你自己的价值，你就得给世界创造价值

B. 人生的意义在于贡献，而不是索取

C. 苦了我一人，富了千万家

D. 主观为自己，客观为别人

E. 把困难留给自己，把方便让给别人

26. 人生的价值在于对社会的贡献，这是因为(　　)。

A. 个人为社会作贡献，能够得到社会的赞扬和好评

B. 个人为社会作贡献，是社会存在和发展的客观需要

C. 个人为社会作贡献，是为了从社会获得更大的利益

D. 个人为社会作贡献，是实现自我价值的基础

E. 个人为社会作贡献，是实现自我价值的途径

27. 人生观包括丰富的内容。下列选项中，属于人生观内容的有(　　)。

A. 人生意义

B. 人生目的

C. 人生理想

D. 人生态度

E. 人生环境

28. 下列选项中，属于人类从必然王国进入自由王国的表现的有(　　)。

A. 人们不再受自然界盲目力量的支配

B. 人们不再受社会的盲目力量的奴役

C. 人们脱离必然性而独立

D. 人们获得了绝对的自由

E. 人们掌握了自然和社会规律，利用它为自己的目的服务

29. 关于必然和自由的关系，正确的理解是(　　)。

A. 只有正确认识必然，才能真正获得自由

B. 自由是对客观必然性的认识和对客观世界的改造

C. 自由就是摆脱必然性的束缚，不受必然性的制约

D. 自由与必然可以在实践基础上达到统一

E. 人类的兴衰祸福都服从于必然性的安排，没有选择的自由

30. 在马克思主义中，“共产主义”一词具有多重含义。下列选项中，属

于“共产主义”一词的正确含义的有(　　)。

A. 作为一种文化，共产主义是指对人类一切文化的彻底否定

B. 作为一种学说，共产主义是指科学社会主义理论

C. 作为一种运动，共产主义是指无产阶级的革命实践

D. 作为一种社会制度，共产主义是指人类最理想的社会

E. 作为一种理想，共产主义是指某些人精心设计的乌托邦

Ⅱ　主观性试题

31. 简述社会进步的含义、内在根据及其标准。

32. 什么是人的本质和人的根本属性？

33. 简述个人的社会价值和自我价值的含义及其相互关系。

34. 简述人的价值的实现及其途径。

35. 怎样理解人的本质在其现实性上是一切社会关系的总和？

36. 简述人的解放和人的自由的关系。

37. 怎样理解以人为本以及人的自由与必然的关系？